AF216464

Jo-Jo

Sprachbuch

3/4

Richtig schreiben

Differenzierungs- und Fördermaterial mit Lösungen

Erarbeitet von
Barbara Kreutel
Susanne Mansour
Anja Narr
Marianne Wehrle

Illustriert von
Anke am Berg

Cornelsen

Das bedeuten die Zeichen:

👄	sprechen, lesen
✏️	schreiben
✏️	verbinden
👄〰️	sprechen und schwingen
〰️✏️	Silbenbögen zeichnen
✏️	farbig markieren, ausmalen
⭐ 3	Differenzierungsaufgabe

Silben schwingen (I)

1 Sprich die Wörter laut und schwinge sie mit der Hand.

Ta fel

Schwinge immer mit deiner **Schreibhand** von der **Bauchmitte** aus.

2  Zeichne die Silbenbögen.

Ta fel

Blu me

In sel

Nas horn

To ma te

Ra ke te

Ta pe te

Ba de tuch

Me lo nen eis

Scho ko la de

Ba na nen saft

Au to rei fen

Ge mü se auf lauf

Ro sen gar ten

Silben schwingen (I)

1 Sprich die Wörter laut und schwinge sie mit der Hand.

Ta fel

Schwinge immer mit deiner **Schreibhand** von der **Bauchmitte** aus.

2 Zeichne die Silbenbögen.

Ta fel

Blu me

In sel

Nas horn

To ma te

Ra ke te

Ta pe te

Ba de tuch

Me lo nen eis

Scho ko la de

Ba na nen saft

Au to rei fen

Ge mü se auf lauf

Ro sen gar ten

Silben schwingen (II)

1 Sprich die Wörter laut und schwinge sie mit der Hand.

Le se buch

2 Zeichne die Silbenbögen.

Le se buch

Schul ran zen

Lam pen schirm

Re gen bo gen

Sei fen scha le

En ten fe der

Un ter ho se

Mö bel wa gen

Te le fon buch

E del stei ne

Win ter man tel

Zau ber kas ten

Silben schwingen (II)

1 Sprich die Wörter laut und schwinge sie mit der Hand.

Le se buch

2 Zeichne die Silbenbögen.

Le se buch

Schul ran zen

Lam pen schirm

Re gen bo gen

Sei fen scha le

En ten fe der

Un ter ho se

Mö bel wa gen

Te le fon buch

E del stei ne

Win ter man tel

Zau ber kas ten

Silbenkönige finden (I)

In jeder Silbe steckt genau
ein **Vokal** (a, e, i, o, u).
Wir nennen die Vokale
deshalb **Silbenkönige**.

1 Male in den Wörtern die **Silbenkönige** rot an.

   Brotdose   Tortenboden   Ringfinger

2 Welche Silbenkönige fehlen hier?

3 Welches Wort passt? Markiere zuerst die Silbenkönige.
Trage dann die Wörter in die Tabelle ein.

   Gurkenglas   Tapete

Rummelplatz   Unterarm   Rakete

Kalender _____ _____

_____ _____

_____ _____

Silbenkönige finden (I)

In jeder Silbe steckt genau ein **Vokal** (a, e, i, o, u). Wir nennen die Vokale deshalb **Silbenkönige**.

1   Male in den Wörtern die **Silbenkönige** rot an.

2   Welche Silbenkönige fehlen hier?

   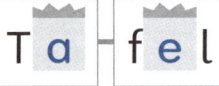      

3   Welches Wort passt? Markiere zuerst die Silbenkönige. Trage dann die Wörter in die Tabelle ein.

Kalender   Gurkenglas   Tapete

Rummelplatz   Unterarm   Rakete

a e e	u e a
Kalender	Gurkenglas
Tapete	Rummelplatz
Rakete	Unterarm

Silbenkönige finden (II)

> In einer Silbe kann auch ein
> **Umlaut** (ä, ö, ü, äu) oder
> ein **Zwielaut** (au, eu, ei) stecken.

1 Male alle Umlaute und Zwielaute rot an.

Lena und Jan beobachten zwei kleine Mäuschen,
die über den Hof tippeln und an
einem Blätterhaufen schnuppern.
Auf einmal hören die Kinder
ein leises Geräusch.
Sie entdecken den Kater Max,
der mit leuchtenden Augen
hinter dem Mülleimer lauert.
Offenbar haben die beiden Mäuse
Max auch bemerkt, denn sie
flüchten schnell ins Gebüsch.

2   Schreibe die Wörter mit Umlauten oder Zwielauten heraus.

zwei, kleine,

Silbenkönige finden (II)

> In einer Silbe kann auch ein
> **Umlaut** (ä, ö, ü, äu) oder
> ein **Zwielaut** (au, eu, ei) stecken.

1 Male alle Umlaute und Zwielaute rot an.

Lena und Jan beobachten zwei kleine Mäuschen,
die über den Hof tippeln und an
einem Blätterhaufen schnuppern.
Auf einmal hören die Kinder
ein leises Geräusch.
Sie entdecken den Kater Max,
der mit leuchtenden Augen
hinter dem Mülleimer lauert.
Offenbar haben die beiden Mäuse
Max auch bemerkt, denn sie
flüchten schnell ins Gebüsch.

2 Schreibe die Wörter mit Umlauten oder Zwielauten heraus.

zwei, kleine, Mäuschen, über,

einem, Blätterhaufen, einmal, hören,

leises, Geräusch, leuchtenden,

Augen, Mülleimer, lauert, beiden,

Mäuse, auch, flüchten, Gebüsch

Silben verbinden (I)

1 Finde Wörter.

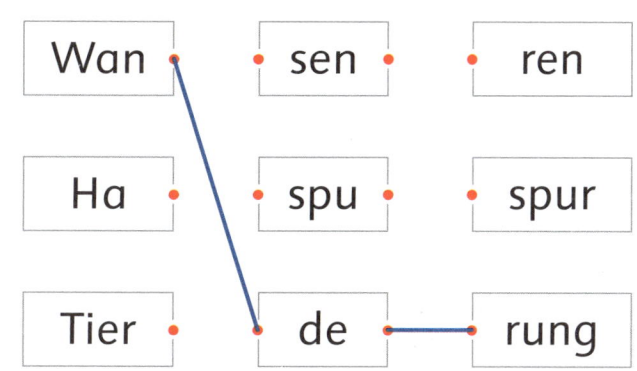

Wan	•	sen	•	•	ren
Ha	•	spu	•	•	spur
Tier	•	de	•	•	rung

_____

_____

__Wanderung__ _____

2 Setze die Wörter aus Aufgabe 1 ein.

Emine und ihr Bruder machen eine

_____ durch den Wald.

Auf einmal sehen die beiden

im Schnee frische _____ .

„Das ist eine _____ !", ruft Emine.

3 Finde 9 Wörter. Male Silben, die zusammengehören, mit der gleichen Farbe an.

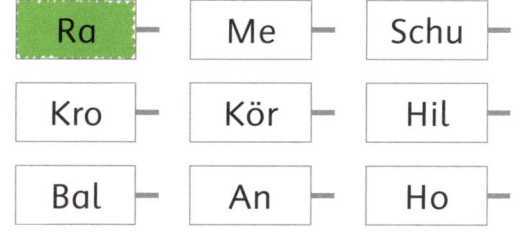
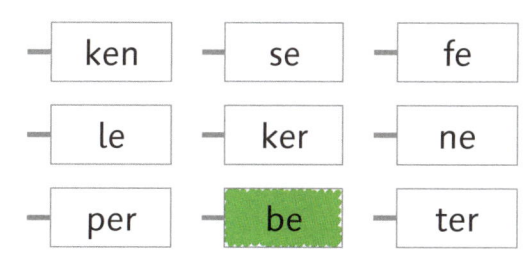

Ra	–	Me	–	Schu	–		–	ken	–	se	–	fe
Kro	–	Kör	–	Hil	–		–	le	–	ker	–	ne
Bal	–	An	–	Ho	–		–	per	–	be	–	ter

__Rabe,__ _____

_____

_____

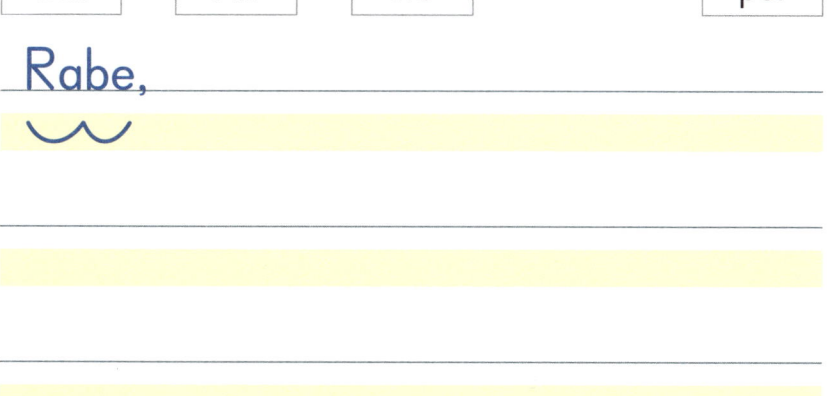

Silben verbinden (I)

1 Finde Wörter.

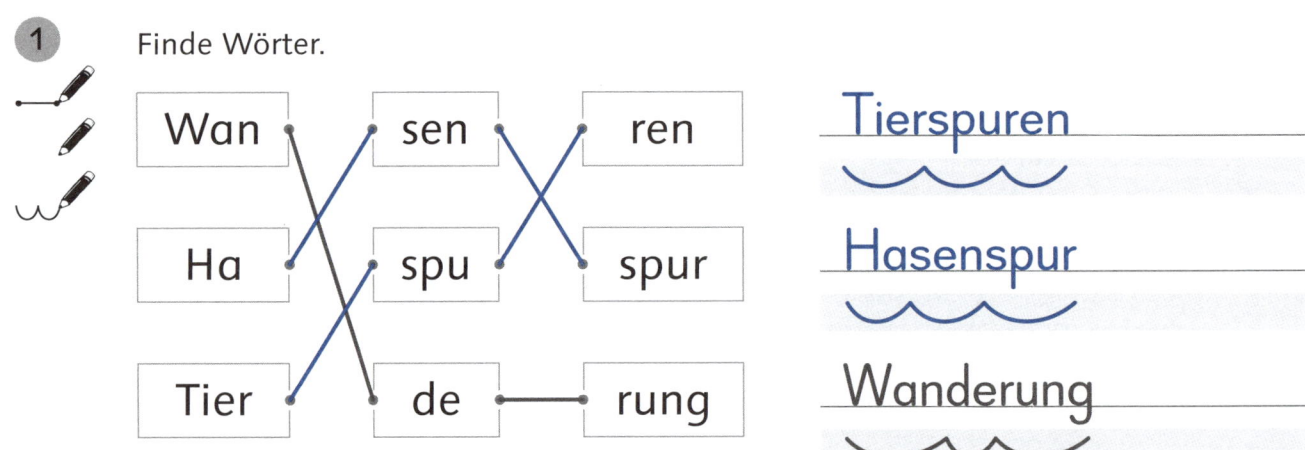

Wan	sen	ren
Ha	spu	spur
Tier	de	rung

Tierspuren

Hasenspur

Wanderung

2 Setze die Wörter aus Aufgabe 1 ein.

Emine und ihr Bruder machen eine

Wanderung durch den Wald.

Auf einmal sehen die beiden

im Schnee frische _Tierspuren_ .

„Das ist eine _Hasenspur_ !“, ruft Emine.

3 Finde 9 Wörter. Male Silben, die zusammengehören, mit der gleichen Farbe an.

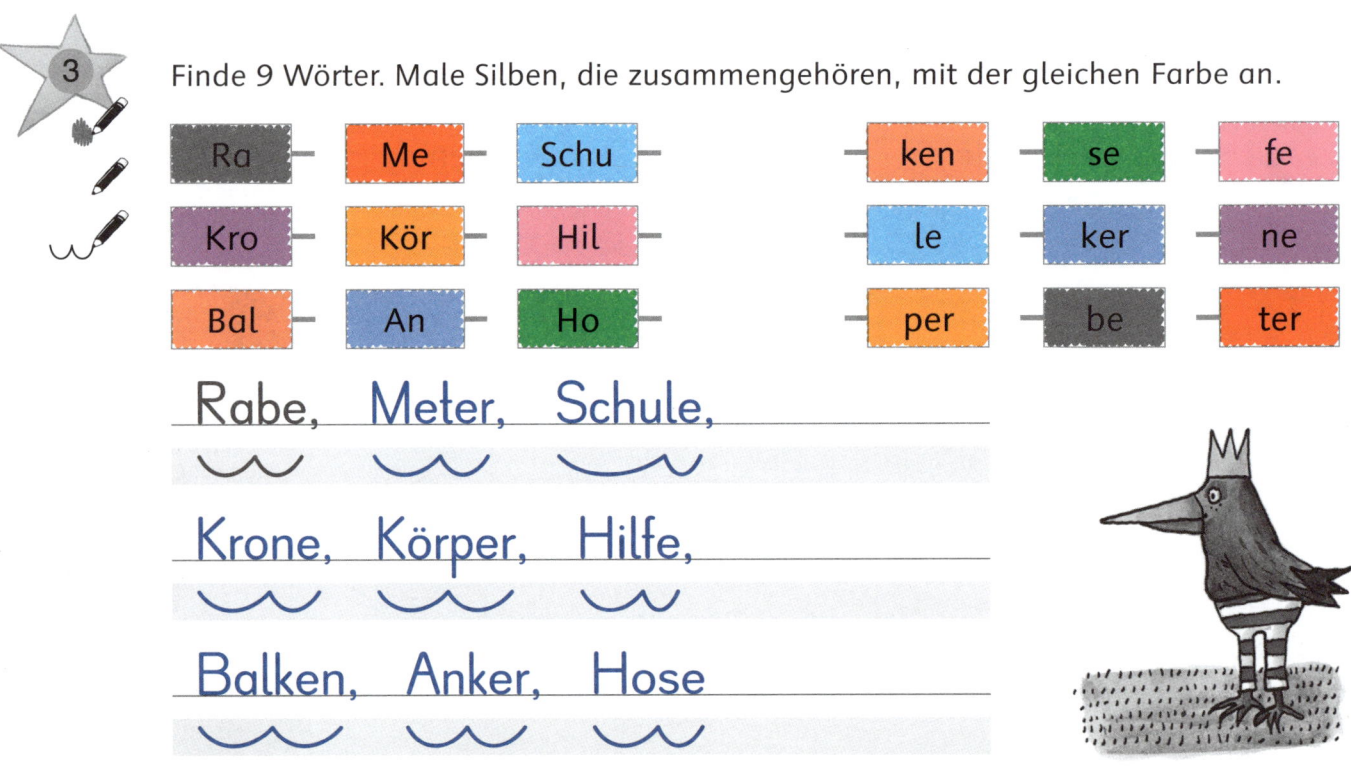

Ra	Me	Schu	ken	se	fe
Kro	Kör	Hil	le	ker	ne
Bal	An	Ho	per	be	ter

Rabe, Meter, Schule,

Krone, Körper, Hilfe,

Balken, Anker, Hose

Silben verbinden (II)

1 Bilde Verben aus den Silben.

sau •	• hen	_____

sit •	• sen	<u>sausen</u>

hüp •	• zen	_____

ge •	• fen	_____

win •	• zen	_____

put •	• fen	_____

la •	• ken	_____

ru •	• chen	_____

2 Entschlüssle die Silben-Geheimschrift.
Denke daran:
Nomen werden großgeschrieben.

	1	2	3	4
A	GE	KAT	TER	SICHT
B	HEN	LICH	HEIM	WIN
C	AUS	FUT	ZIE	ZEN

A1 B3   <u>geheim</u>

A1 A4   _____

B4 A3   _____

C3 A1   _____

C1 A1 B1   _____

A2 C4 C2 A3   _____

C3 B1   _____

A1 B1   _____

B3 B2   _____

C1 A4   _____

B4 A3 B2   _____

Silben verbinden (II)

1 Bilde Verben aus den Silben.

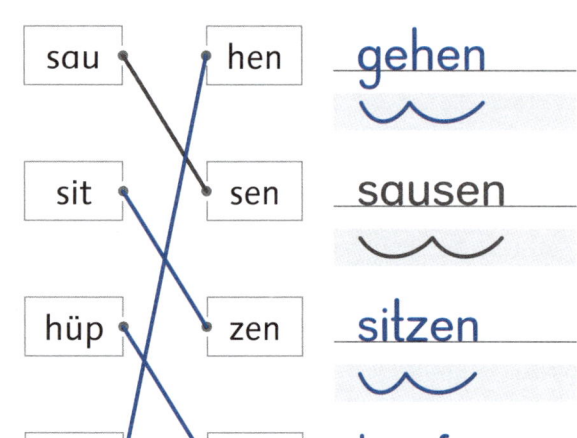

sau	—	hen	gehen
sit		sen	sausen
hüp		zen	sitzen
ge		fen	hüpfen

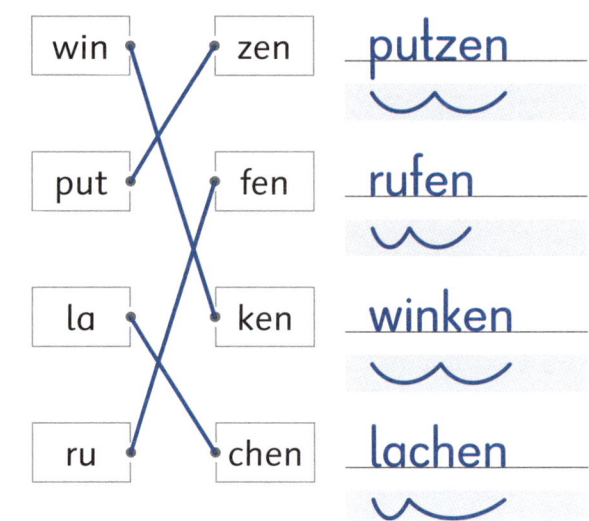

win		zen	putzen
put		fen	rufen
la		ken	winken
ru		chen	lachen

2 Entschlüssle die Silben-Geheimschrift.
Denke daran:
Nomen werden großgeschrieben.

	1	2	3	4
A	GE	KAT	TER	SICHT
B	HEN	LICH	HEIM	WIN
C	AUS	FUT	ZIE	ZEN

A1 B3   geheim

A1 A4   Gesicht

B4 A3   Winter

C3 A1   Ziege

C1 A1 B1   ausgehen

A2 C4 C2 A3   Katzenfutter

C3 B1   ziehen

A1 B1   gehen

B3 B2   heimlich

C1 A4   Aussicht

B4 A3 B2   winterlich

Wörter mit **ch**

1 12 Wörter mit **ch** sind versteckt. Male sie an.

B	**R**	**A**	**U**	**C**	**H**	**E**	**N**	W	R	V	L	E	N	N	V
L	M	H	U	Z	W	T	A	J	H	X	A	T	W	H	C
Y	X	D	F	D	E	Q	C	U	T	B	C	E	O	W	S
R	L	T	K	K	O	C	H	E	N	I	H	B	C	T	C
R	Q	A	J	Q	W	R	B	T	T	K	E	B	H	E	H
Ü	B	U	C	H	S	T	A	B	E	L	N	G	E	U	A
Z	O	C	T	F	D	M	R	L	Z	N	I	U	O	J	C
N	R	H	W	L	K	K	U	Z	Q	M	O	W	S	N	H
M	W	E	L	H	O	C	H	H	A	U	S	G	U	C	T
T	M	N	I	O	Ä	B	T	Z	W	Z	I	N	C	Y	E
E	E	W	M	**S**	**P**	**R**	**A**	**C**	**H**	**B**	**U**	**C**	**H**	B	L
O	R	V	R	Z	P	W	V	B	N	M	U	Q	E	X	Y
B	A	U	C	H	S	C	H	M	E	R	Z	E	N	M	U

2 Sortiere die 12 Wörter in die Tabelle. Male **ch** an. Die erste Silbe endet mit

ch	einem **Vokal** oder **Zwielaut**
Sprachbuch	brauchen

Wörter mit ch

1

12 Wörter mit **ch** sind versteckt. Male sie an.

B	R	A	U	C	H	E	N	W	R	V	L	E	N	N	V
L	M	H	U	Z	W	T	A	J	H	X	A	T	W	H	C
Y	X	D	F	D	E	Q	C	U	T	B	C	E	O	W	S
R	L	T	K	K	O	C	H	E	N	I	H	B	C	T	C
R	Q	A	J	Q	W	R	B	T	T	K	E	B	H	E	H
Ü	B	U	C	H	S	T	A	B	E	L	N	G	E	U	A
Z	O	C	T	F	D	M	R	L	Z	N	I	U	O	J	C
N	R	H	W	L	K	K	U	Z	Q	M	O	W	S	N	H
M	W	E	L	H	O	C	H	H	A	U	S	G	U	C	T
T	M	N	I	O	Ä	B	T	Z	W	Z	I	N	C	Y	E
E	E	W	M	S	P	R	A	C	H	B	U	C	H	B	L
O	R	V	R	Z	P	W	V	B	N	M	U	Q	E	X	Y
B	A	U	C	H	S	C	H	M	E	R	Z	E	N	M	U

2

Sortiere die 12 Wörter in die Tabelle. Male **ch** an. Die erste Silbe endet mit

ch	einem **Vokal** oder **Zwielaut**
Sprachbuch	brauchen
Buchstabe	kochen
Hochhaus	tauchen
Bauchschmerzen	lachen
Nachbar	Woche
Schachtel	suchen

8   Lösungen

Wörter mit **Sp/sp** oder **St/st**

Denke daran: *Sp/sp* und *St/st* werden anders gesprochen als geschrieben.

1

Lies den Text laut vor.
Male alle **Sp** / **sp** und **St** / **st** an,
die wie **schp** oder **scht** gesprochen werden.

Spuk auf der Ritterburg

Die Klasse 4a ist auf Klassenfahrt. Die Kinder
spazieren durch die alte Burg Rabenstein
und staunen. Als sie gerade die Stufen einer
steilen Wendeltreppe hinaufsteigen, springen plötzlich
zwei Gespenster hinter einer Mauer hervor.
Alle erstarren vor Schreck und sind ganz still.
Doch dann beginnen die Gespenster
zu sprechen und Max muss lachen, denn
er erkennt die Stimmen seiner Lehrerinnen,
Frau Spiegel und Frau Sturm.

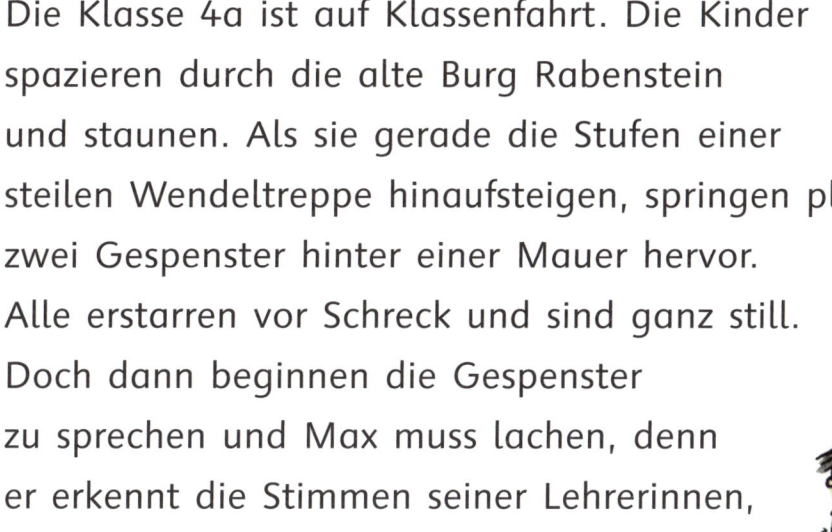

2

Schreibe die neun Wörter heraus, in denen **St** / **st**
wie **scht** gesprochen wird.

_____

_____

_____

3

Finde ein Wort im Text, in dem **st**
nicht wie **scht** gesprochen wird.

_____

Wörter mit **Sp/sp** oder **St/st**

1 Lies den Text laut vor.
Male alle Sp / sp und St / st an,
die wie **schp** oder **scht** gesprochen werden.

Denke daran:
Sp/sp und *St/st* werden
anders gesprochen als
geschrieben.

Spuk auf der Ritterburg

Die Klasse 4a ist auf Klassenfahrt. Die Kinder
spazieren durch die alte Burg Rabenstein
und staunen. Als sie gerade die Stufen einer
steilen Wendeltreppe hinaufsteigen, springen plötzlich
zwei Gespenster hinter einer Mauer hervor.
Alle erstarren vor Schreck und sind ganz still.
Doch dann beginnen die Gespenster
zu sprechen und Max muss lachen, denn
er erkennt die Stimmen seiner Lehrerinnen,
Frau Spiegel und Frau Sturm.

2 Schreibe die neun Wörter heraus, in denen St / st
wie **scht** gesprochen wird.

Rabenstein, staunen, Stufen,

steilen, hinaufsteigen, erstarren,

still, Stimmen, Sturm

3 Finde ein Wort im Text, in dem st
nicht wie **scht** gesprochen wird.

Gespenster

Wörter mit **ng** und **nk**

1 Finde Reimwörter und schwinge.
Male **ng** und **nk** an.

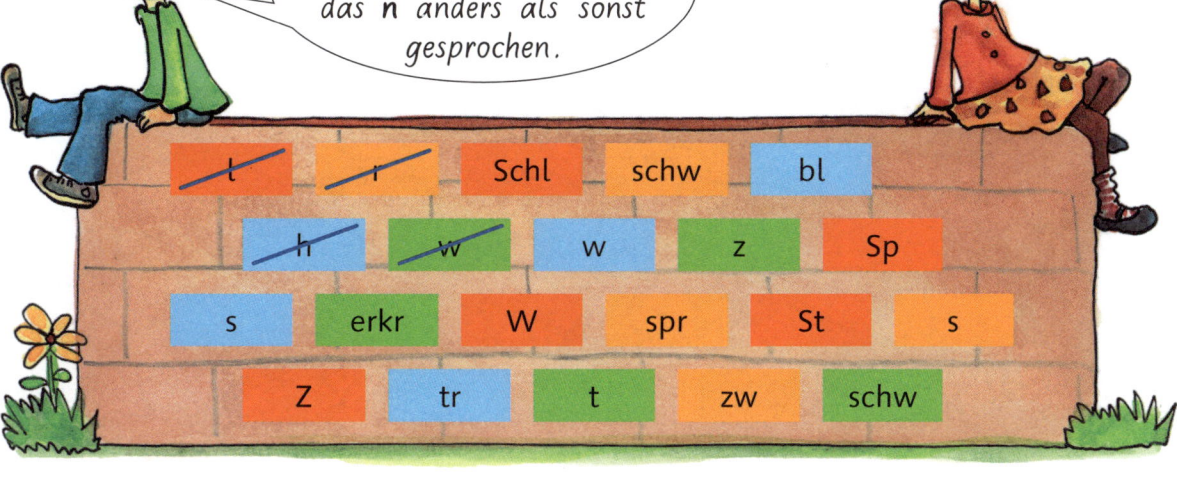

Bei Wörtern mit **ng** und **nk** wird das **n** anders als sonst gesprochen.

Beim Schwingen muss man das **n** deutlich sprechen.

ringen, _____

_____

wanken, _____

_____

lange, _____

_____

hinken, _____

_____

Wörter mit **ng** und **nk**

1 Finde Reimwörter und schwinge.
Male **ng** und **nk** an.

Bei Wörtern mit **ng** und **nk** wird das **n** anders als sonst gesprochen.

Beim Schwingen muss man das **n** deutlich sprechen.

ringen, schwingen, singen,

springen, zwingen

wanken, zanken, erkranken,

tanken, schwanken

lange, Schlange, Spange,

Wange, Stange, Zange

hinken, blinken, winken,

sinken, trinken

Wörter mit Qu/qu

1 Lies die Wörter
mit **Qu** / **qu** laut.
Beobachte, wie du
das **Qu** / **qu** sprichst.
Schwinge die Wörter.

Man spricht **Qu/qu**
wie _____ .

quiet schen   Quar tett   be quem   Quit tung

quer   quä len   qual men   quet schen   Quiz

2 Löse das Rätsel.

Qual   ~~Quel~~   Quark   Qua   qua   quas   quie

ken   ~~le~~   drat   le   ken   seln   Quatsch

Hier entspringt ein Bach:

Quelle

Besonderes Viereck:

_____

Nahrungsmittel aus Milch:

_____

Meeresbewohner:

_____

Frösche reden nicht, sondern

_____

Ferkel quasseln nicht, sondern

_____

Clowns machen gern

_____

Pausenlos reden:

_____

Wörter mit Qu/qu

1 Lies die Wörter
mit **Qu** / **qu** laut.
Beobachte, wie du
das **Qu** / **qu** sprichst.
Schwinge die Wörter.

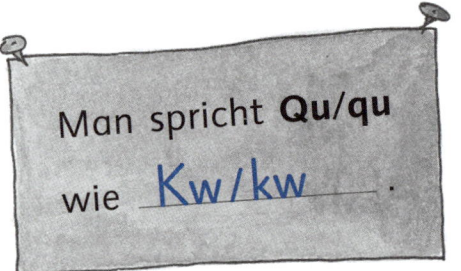

Man spricht **Qu/qu**
wie _Kw / kw_ .

quiet schen   Quar tett   be quem   Quit tung

quer   quä len   qual men   quet schen   Quiz

2 Löse das Rätsel.

~~Qual~~ ~~Quel~~ ~~Quark~~ ~~Qua~~ ~~qua~~ ~~quas~~ ~~quie~~

~~ken~~ ~~le~~ ~~drat~~ ~~le~~ ~~ken~~ seln ~~Quatsch~~

Hier entspringt ein Bach:

Quelle

Frösche reden nicht, sondern

quaken.

Besonderes Viereck:

Quadrat

Ferkel quasseln nicht, sondern

quieken.

Nahrungsmittel aus Milch:

Quark

Clowns machen gern

Quatsch.

Meeresbewohner:

Qualle

Pausenlos reden:

quasseln

Wörter mit **X/x**

1  Male in den Wörtern die Silbenkönige an.
Verbinde dann, was zusammengehört.

mixen   Box   hexen   extra   explodieren   boxen   Axt

2 Schreibe die Wörter richtig auf und schwinge sie.

As rix te
 **Asterix**

 xe Ni
_____

xen He haus
_____

 au Lu to xus
_____

Sa fon xo
_____

 xis Arzt pra
_____

ka xi Me ner
_____

 tränk ge Mix
_____

Wörter mit X/x

1
Male in den Wörtern die Silbenkönige an.
Verbinde dann, was zusammengehört.

e e   i e   A   e a

mixen   Box   hexen   extra   explodieren   boxen   Axt

o   e o ie e   o e

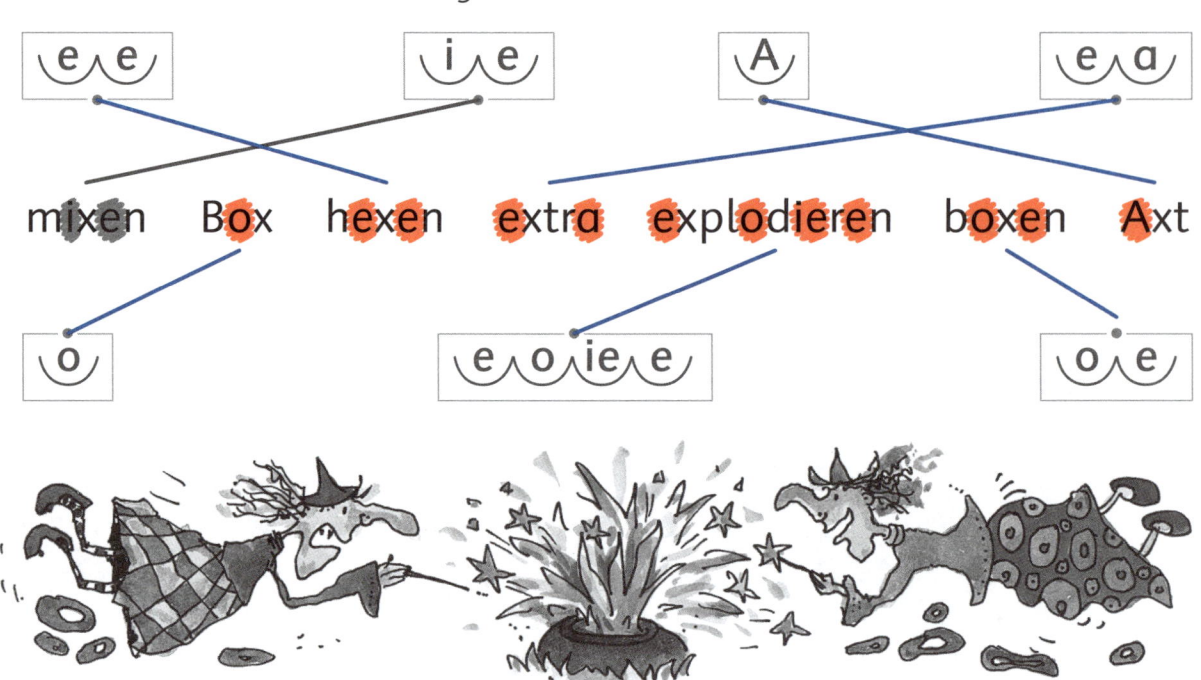

2
Schreibe die Wörter richtig auf und schwinge sie.

As rix te
Asterix

  xe Ni
Nixe

xen He haus
Hexenhaus

 au Lu to xus
Luxusauto

Sa fon xo
Saxofon

  xis Arzt pra
Arztpraxis

ka xi Me ner
Mexikaner

  tränk ge Mix
Mixgetränk

Schwierige Wörter schwingen

1   Wie heißen die zusammengesetzten Nomen?

 **+**

Flaschenhals

_____

 **+**

_____

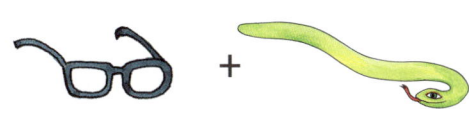

_____

 **+**

 **+**

_____

2   **+**

 **+**

_____

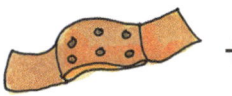 **+**

 **+**

_____

 **+**

 **+**

_____

Schwierige Wörter schwingen

 **1**   Wie heißen die zusammengesetzten Nomen?

 +

Flaschenhals

 +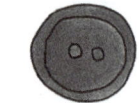

Hosenknopf

 +

Kleiderschrank

 +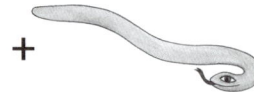

Brillenschlange

 +

Pflaumenbaum

 +

Schaukelpferde

 **2**    +

Pfefferkuchen

 +

Pfirsichkern

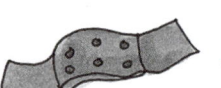 +

Pflasterstein

 +

Pferdeschwanz

 +

Treppenhaus

 +

Kreuzspinne

Lange Wörter (I)

1 Sprich die Wörter und schwinge sie mit der Hand.
Zeichne dann die Silbenbögen.

Au gen ge zwin ker

Stor chen nes ter

Kin der zim mer lam pen schirm

Quell was ser fla sche

Tank last wa gen rei fen

2 Bilde Wörter und schwinge.

Au licht blink to

Autoblinklicht

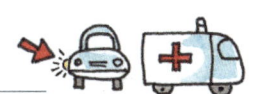

ken Kran gen wa

quap Kaul pen teich

bo Dach ken den bal

pflan mer Zim zen topf

Bü rei aus che weis

Lange Wörter (I)

1  Sprich die Wörter und schwinge sie mit der Hand.
Zeichne dann die Silbenbögen.

Au gen ge zwin ker

Stor chen nes ter

Kin der zim mer lam pen schirm

Quell was ser fla sche

Tank last wa gen rei fen

2  Bilde Wörter und schwinge.

Au licht blink to

Autoblinklicht

ken Kran gen wa

Krankenwagen

quap Kaul pen teich

Kaulquappenteich

bo Dach ken den bal

Dachbodenbalken

pflan mer Zim zen topf

Zimmerpflanzentopf

Bü rei aus che weis

Büchereiausweis

Lange Wörter (II)

1 Sprich die Wörter und schwinge sie mit der Hand.
Zeichne dann die Silbenbögen.

Eichhörnchenkobel

Amselgezwitscher

Kreuzspinnennetz

Bienenkönigin

Elefantengehegegitter

Wellensittichschnabel

2 Kennst du diese Tiere? Die Zahlen in den Klammern sagen dir,
welche Silben du zusammensetzen musst.

Maulfink (1)

Buchwurf (2)

Maulwurf

Feuerfalter (1, 2)

Nachtwanze (2, 3)

_____

Flederfrosch (1, 2)

Grasmaus (2)

_____

Regenratte (1, 2)

Wanderwurm (3)

_____

Lange Wörter (II)

 **1** Sprich die Wörter und schwinge sie mit der Hand.
Zeichne dann die Silbenbögen.

Eichhörnchenkobel

Amselgezwitscher

Kreuzspinnennetz

Bienenkönigin

Elefantengehegegitter

Wellensittichschnabel

 **2** Kennst du diese Tiere? Die Zahlen in den Klammern sagen dir,
welche Silben du zusammensetzen musst.

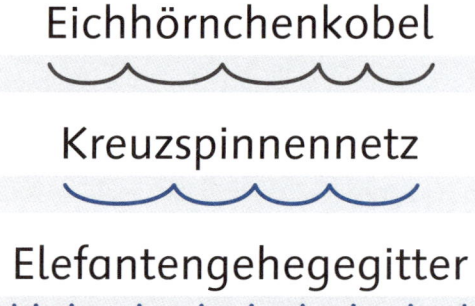

Maulfink (1)

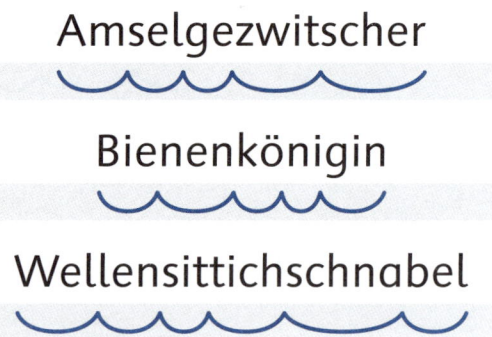

Buchwurf (2)

Maulwurf

Feuerfalter (1, 2)

Nachtwanze (2, 3)

Feuerwanze

Flederfrosch (1, 2)

Grasmaus (2)

Fledermaus

Regenratte (1, 2)

Wanderwurm (3)

Regenwurm

Wörter mit Fugen-s

> Manchmal steht zwischen zusammengesetzten Nomen ein **s**.

1

Sprich die zusammengesetzten Nomen.
Male das **s** zwischen den beiden Nomen an.
Zeichne die Silbenbögen.

Ansicht**s**karte   Schmetterlingsflügel

Unterrichtsfach   Zwillingsschwester

Zeitungsladen   Sicherheitsnadel

2

Bilde selbst zusammengesetzte Nomen mit **s**.

Hochzeit **s**

Hochzeit**s**fest

Frühling **s**

Geschenk   ~~Fest~~   Wetter   Torte   Anfang   Fest

Wörter mit Fugen-s

Manchmal steht zwischen zusammengesetzten Nomen ein **s** .

1 Sprich die zusammengesetzten Nomen.
Male das **s** zwischen den beiden Nomen an.
Zeichne die Silbenbögen.

Ansicht**s**karte   Schmetterling**s**flügel

Unterricht**s**fach   Zwilling**s**schwester

Zeitung**s**laden   Sicherheit**s**nadel

2 Bilde selbst zusammengesetzte Nomen mit **s** .

Hochzeit **s**

Hochzeit**s**fest

Hochzeit**s**geschenk

Hochzeit**s**torte

Frühling **s**

Frühling**s**fest

Frühling**s**wetter

Frühling**s**anfang

~~Geschenk~~ ~~Fest~~ ~~Wetter~~ ~~Torte~~ ~~Anfang~~ ~~Fest~~

Texte abschreiben

1 Schreibe den Text ab. Beachte dabei die 5 Tipps.

1. Lies den ganzen Text.
2. Zeichne Silbenbögen unter die Wörter.
3. Lies so viele Wörter oder Satzteile, wie du dir merken kannst. Schreibe sie auswendig auf. Sprich dabei die Silben mit.
4. Kontrolliere deinen Text, indem du Silbenbögen einzeichnest. Vergleiche dabei Wort für Wort mit dem vorgegebenen Text.
5. Berichtige Fehler.

Jonas und Lena besuchen Tante Susanne auf dem Bauernhof.

Sie möchten bei der Arbeit mithelfen. Am Morgen füttern

sie die Schweine und treiben die Rinder auf die Weide.

Danach helfen sie bei der Heuernte. Als das Heu aufgeladen

ist, klettern sie auf den Heuwagen und essen Wurstbrote.

Texte abschreiben

1 Schreibe den Text ab. Beachte dabei die 5 Tipps.

1. Lies den ganzen Text.
2. Zeichne Silbenbögen unter die Wörter.
3. Lies so viele Wörter oder Satzteile,
   wie du dir merken kannst.
   Schreibe sie auswendig auf.
   Sprich dabei die Silben mit.

4. Kontrolliere deinen Text, indem du
   Silbenbögen einzeichnest.
   Vergleiche dabei
   Wort für Wort mit dem
   vorgegebenen Text.
5. Berichtige Fehler.

Jonas und Lena besuchen Tante Susanne auf dem Bauernhof.

Sie möchten bei der Arbeit mithelfen. Am Morgen füttern

sie die Schweine und treiben die Rinder auf die Weide.

Danach helfen sie bei der Heuernte. Als das Heu aufgeladen

ist, klettern sie auf den Heuwagen und essen Wurstbrote.

Jonas und Lena besuchen Tante Susanne auf dem

Bauernhof. Sie möchten bei der Arbeit mithelfen.

Am Morgen füttern sie die Schweine und treiben

die Rinder auf die Weide. Danach helfen sie bei

der Heuernte. Als das Heu aufgeladen ist, klettern

sie auf den Heuwagen und essen Wurstbrote.

Nomen verlängern

> Wenn du nicht weißt, ob ein **Nomen** am Ende
> mit **b** oder **p**, mit **d** oder **t**, mit **g** oder **k**
> geschrieben wird, dann bilde die **Mehrzahl**.

1

der Zwer **g** →    das Bil ___ →    der Sta ___ →

die _Zwerge_   die _____   die _____

2  Setze die fehlenden Buchstaben und Wörter ein.

Ein Pfer **d** , weil im Stall viele _Pferde_ stehen.

Ein Freun ___ , weil ich viele _____ habe.

Eine Bur ___ , weil es viele _____ gibt.

Eine Ban ___ , weil im Park viele _____ stehen.

Ein Stif ___ , weil ich viele _____ habe.

Ein Ta ___ , weil es viele _____ gibt.

Ein Lan ___ , weil es auf der Erde viele _____ gibt.

Nomen verlängern

> Wenn du nicht weißt, ob ein **Nomen** am Ende mit **b** oder **p**, mit **d** oder **t**, mit **g** oder **k** geschrieben wird, dann bilde die **Mehrzahl**.

1

 der Zwer **g** →    das Bil **d** →    der Sta **b** →

die _Zwerge_   die _Bilder_   die _Stäbe_

2 Setze die fehlenden Buchstaben und Wörter ein.

Ein Pfer **d**, weil im Stall viele _Pferde_ stehen.

Ein Freun **d**, weil ich viele _Freunde_ habe.

Eine Bur **g**, weil es viele _Burgen_ gibt.

Eine Ban **k**, weil im Park viele _Bänke_ stehen.

Ein Stif **t**, weil ich viele _Stifte_ habe.

Ein Ta **g**, weil es viele _Tage_ gibt.

Ein Lan **d**, weil es auf der Erde viele _Länder_ gibt.

Adjektive verlängern (I)

1  Bilde Wortgruppen.

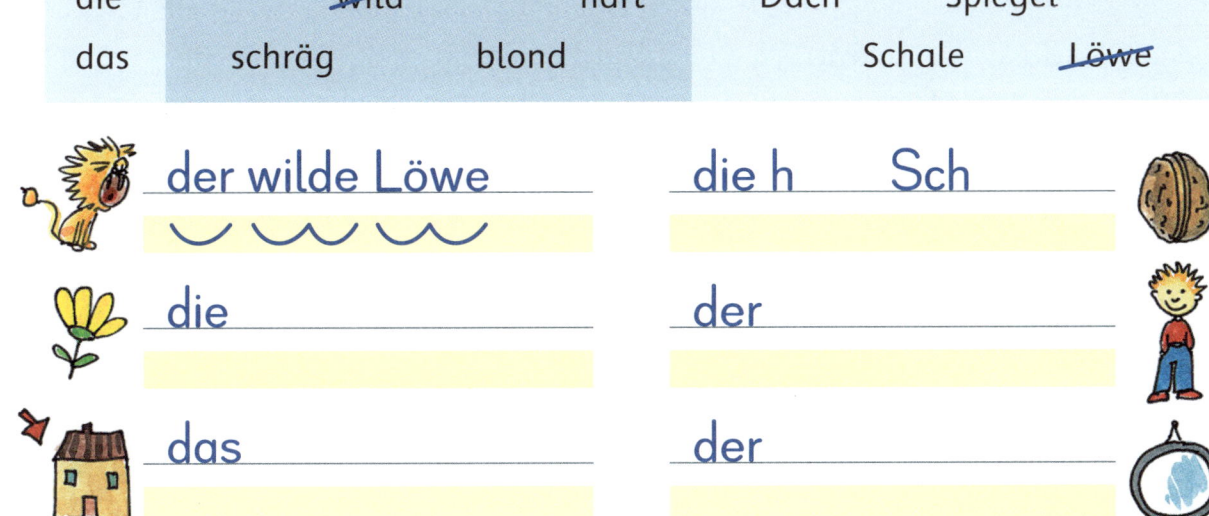

der	rund	gelb	Junge	Blume
die	~~wild~~	hart	Dach	Spiegel
das	schräg	blond	Schale	~~Löwe~~

der wilde Löwe   die h   Sch

die   der

das   der

> Wenn du nicht weißt, ob ein **Adjektiv** am Ende
> mit **b** oder **p**, mit **d** oder **t**, mit **g** oder **k**
> geschrieben wird, dann bilde eine **Wortgruppe**.

2 Bilde zuerst eine Wortgruppe.
Ergänze dann den fehlenden Buchstaben.

Der Mann ist al☐.   der _____ Mann

Das Obst ist gesun☐.   das _____ Obst

Das Mädchen ist blin☐.   das _____ Mädchen

Die Katze ist lie☐.   die _____ Katze

Der Kuchen ist ferti☐.   der _____ Kuchen

Adjektive verlängern (I)

1 Bilde Wortgruppen.

der	~~rund~~	~~gelb~~	~~Junge~~	~~Blume~~
die	~~wild~~	~~hart~~	~~Dach~~	~~Spiegel~~
das	~~schräg~~	~~blond~~	~~Schale~~	~~Löwe~~

der wilde Löwe   die harte Schale

die gelbe Blume   der blonde Junge

das schräge Dach   der runde Spiegel

> Wenn du nicht weißt, ob ein **Adjektiv** am Ende
> mit **b** oder **p**, mit **d** oder **t**, mit **g** oder **k**
> geschrieben wird, dann bilde eine **Wortgruppe**.

2 Bilde zuerst eine Wortgruppe.
Ergänze dann den fehlenden Buchstaben.

Der Mann ist al **t** .      der _alte_ Mann

Das Obst ist gesun **d** .      das _gesunde_ Obst

Das Mädchen ist blin **d** .      das _blinde_ Mädchen

Die Katze ist lie **b** .      die _liebe_ Katze

Der Kuchen ist ferti **g** .      der _fertige_ Kuchen

Adjektive verlängern (II)

> Wenn du ein **Adjektiv verlängern** möchtest, kannst du auch die **erste Vergleichsstufe** bilden.

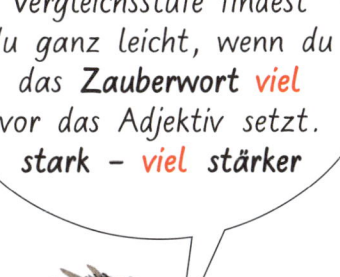

Die erste Vergleichsstufe findest du ganz leicht, wenn du das **Zauberwort** *viel* vor das Adjektiv setzt.
stark – *viel* stärker

1 Bilde die erste Vergleichsstufe.
Male **b** oder **p**, **d** oder **t**, **g** oder **k** an.

schlan **k** →  viel schlanker als

wil → _____

lie → _____

2 Bilde mit dem Zauberwort *viel* die erste Vergleichsstufe.
Setze dann **b** oder **p**, **d** oder **t**, **g** oder **k** ein.

erste Vergleichsstufe

Die Hose ist zu wei **t** . →  viel weiter als

Petzen ist blö ___ . → _____

Das Kind ist klu ___ . → _____

Das Wasser ist trü ___ . → _____

Der Witz ist lusti ___ . → _____

Die Aufgabe ist leich ___ . → _____

Adjektive verlängern (II)

Wenn du ein **Adjektiv verlängern** möchtest,
kannst du auch die **erste Vergleichsstufe** bilden.

Die erste Vergleichsstufe findest du ganz leicht, wenn du das **Zauberwort** viel vor das Adjektiv setzt.
stark – viel stärker

1 Bilde die erste Vergleichsstufe.
Male **b** oder **p**, **d** oder **t**, **g** oder **k** an.

schlan **k**   viel schlanker als

wil **d**   viel wilder als

lie **b**   viel lieber als

2 Bilde mit dem Zauberwort **viel** die erste Vergleichsstufe.
Setze dann **b** oder **p**, **d** oder **t**, **g** oder **k** ein.

	erste Vergleichsstufe
Die Hose ist zu wei **t** .	viel weiter als
Petzen ist blö **d** .	viel blöder als
Das Kind ist klu **g** .	viel klüger als
Das Wasser ist trü **b** .	viel trüber als
Der Witz ist lusti **g** .	viel lustiger als
Die Aufgabe ist leich **t** .	viel leichter als

Verben verlängern (I)

> Wenn du nicht weißt, ob ein **Verb** am Ende des Wortstammes mit **b** oder **p**, mit **d** oder **t**, mit **g** oder **k** geschrieben wird, dann bilde die **Grundform**.

1 Bilde zuerst die Grundform.
Schreibe dann die Personalform.

er blei[b/p]t   bleiben   er bleibt

sie flie[g/k]t   _____   _____

er trin[g/k]t   _____   _____

es wir[d/t].   wer_____   _____

2 Setze **b** oder **p**, **g** oder **k** ein.
Kontrolliere mit der Grundform.

Der Kran he___t die Last hoch.   _____

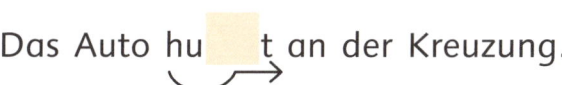

Das Auto hu___t an der Kreuzung.   _____

Familie Kunz krie___t Besuch.   _____

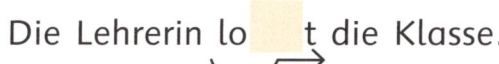

Die Lehrerin lo___t die Klasse.   _____

Das Schiff sin___t schnell.   _____

Verben verlängern (I)

1 Bilde zuerst die Grundform.
Schreibe dann die Personalform.

er blei[b/p]t   bleiben   er bleibt

sie flie[g/k]t   fliegen   sie fliegt

er trin[g/k]t   trinken   er trinkt

es wir[d/t].   werden   es wird

2 Setze **b** oder **p**, **g** oder **k** ein.
Kontrolliere mit der Grundform.

Der Kran he **b** t die Last hoch.   heben

Das Auto hu **p** t an der Kreuzung.   hupen

Familie Kunz krie **g** t Besuch.   kriegen

Die Lehrerin lo **b** t die Klasse.   loben

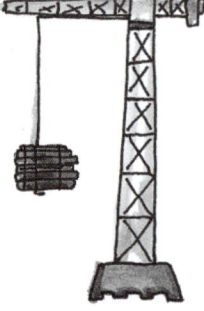

Das Schiff sin **k** t schnell.   sinken

Verben verlängern (II)

1 Lies den Text.

Im vergangenen Sommer flo[g/k] Anna mit ihren Eltern nach Italien.

Weil ihre Freundin Sophie in den Ferien zu Hause blie[b/p], schrie[b/p] Anna

ihr oft. Jeden Morgen stie[g/k] Sophie schon früh die Treppen hinab und

schaute im Briefkasten nach, ob darin vielleicht Post von Anna la[g/k].

Oft fan[d/t] Sophie einen Brief oder eine Postkarte, die sie schnell in

ihr Zimmer tru[g/k] und las. Am Ende der Ferien hiel[d/t] Sophie insgesamt

vier Briefe und sechs Postkarten von Anna in den Händen.

2 Bilde zuerst die Grundform.
Ergänze dann die Endung der Personalform.
Male die richtige Endung im Text oben an.

> Bei manchen Verben ist es schwer, die Grundform zu bilden, weil sich **in der Vergangenheit** der **Vokal verändert,** z. B.: *er gab – geben*

sie flo **g** → *fliegen* _____

sie blie ☐ → _____

sie schrie ☐ → _____

sie stie ☐ → _____

sie la ☐ → _____

sie fan ☐ → _____

sie tru ☐ → _____

sie hiel ☐ → _____

Verben verlängern (II)

1 Lies den Text.

Im vergangenen Sommer flo[g/k]→ Anna mit ihren Eltern nach Italien.

Weil ihre Freundin Sophie in den Ferien zu Hause blie[b/p]→, schrie[b/p]→ Anna

ihr oft. Jeden Morgen stie[g/k]→ Sophie schon früh die Treppen hinab und

schaute im Briefkasten nach, ob darin vielleicht Post von Anna la[g/k]→.

Oft fan[d/t]→ Sophie einen Brief oder eine Postkarte, die sie schnell in

ihr Zimmer tru[g/k]→ und las. Am Ende der Ferien hiel[d/t]→ Sophie insgesamt

vier Briefe und sechs Postkarten von Anna in den Händen.

2 Bilde zuerst die Grundform.
Ergänze dann die Endung der Personalform.
Male die richtige Endung im Text oben an.

> Bei manchen Verben ist es schwer, die Grundform zu bilden, weil sich **in der Vergangenheit** der **Vokal verändert,** z. B.: *er gab – geben*→

sie flo **g**→   fliegen   sie la **g**→   liegen

sie blie **b**→   bleiben   sie fan **d**→   finden

sie schrie **b**→   schreiben   sie tru **g**→   tragen

sie stie **g**→   steigen   sie hiel **t**→   halten

Wörter verlängern (I)

1 Suche im Gitternetz vier Nomen, vier Adjektive und vier Verben. Schreibe sie geordnet auf und verlängere sie.

W	S	F	D	S	R	T	W	B	K	G
H	C	W	G	Ö	L	C	X	E	Q	N
J	H	U	J	M	V	K	K	L	K	T
T	W	W	Ü	Z	A	J	L	W	L	T
R	I	L	B	R	A	N	D	H	E	C
L	E	B	T	Q	X	C	I	T	I	Y
P	R	B	Y	G	F	R	E	M	D	M
L	I	E	B	C	R	M	B	T	S	Ö
Ü	G	A	R	V	A	W	V	Z	R	R
Ä	N	X	Q	B	G	L	A	U	B	T
M	M	L	A	U	T	N	B	G	Z	A

Nomen (Mehrzahl bilden)

Brand – die Brände, _____

_____

Adjektive (Wortgruppen bilden)

fremd   – das   fremde Land

_____ – die   Musik

_____ – das   Kind

_____ – die   Aufgabe

Verben (Grundform bilden)

fragt – fragen, _____

_____

Wörter verlängern (I)

1 Suche im Gitternetz vier Nomen, vier Adjektive und vier Verben. Schreibe sie geordnet auf und verlängere sie.

W	S	F	D	S	R	T	W	B	K	G
H	C	W	G	Ö	L	C	X	E	Q	N
J	H	U	J	M	V	K	K	L	K	T
T	W	W	Ü	Z	A	J	L	W	L	T
R	I	L	B	R	A	N	D	H	E	C
L	E	B	T	Q	X	C	I	T	I	Y
P	R	B	Y	G	F	R	E	M	D	M
L	I	E	B	C	R	M	B	T	S	Ö
Ü	G	A	R	V	A	W	V	Z	R	R
Ä	N	X	Q	B	G	L	A	U	B	T
M	M	L	A	U	T	N	B	G	Z	A

Nomen (Mehrzahl bilden)

Brand – die Brände,   Dieb – die Diebe,

Zug – die Züge,   Kleid – die Kleider

Adjektive (Wortgruppen bilden)

fremd   – das   fremde   Land

laut   – die   laute   Musik

lieb   – das   liebe   Kind

schwierig   – die   schwierige   Aufgabe

Verben (Grundform bilden)

fragt – fragen,   lebt – leben,

glaubt – glauben,   übt – üben

Wörter verlängern (II)

1 Lies den Text.

Jan fährt mit dem Ra[d/t] durch den Wal[d/t]. Im Gebüsch bewe[g/k]t sich

etwas. Es ist ein kleiner Igel. Jan weiß, dass das Tier allein nicht

überle[b/p]t. Behutsam le[g/k]t er den Igel in ein Tuch und fährt schnell

zum Tierarz[d/t]. Dr. Krause lo[b/p]t Jan für sein Verhalten und sa[g/k]t dann:

„Der Igel ist gesun[d/t], aber viel zu klein.

Deshalb blei[b/p]t er hier."

2 Schreibe die braun gedruckten Wörter mit ihrer Verlängerung auf.
Male **b** oder **p**, **d** oder **t**, **g** oder **k** im Text oben an.

das Rad – die Räder,

Wörter verlängern (II)

1 Lies den Text.

Jan fährt mit dem Ra[d/t] durch den Wal[d/t]. Im Gebüsch bewe[g/k]t sich

etwas. Es ist ein kleiner Igel. Jan weiß, dass das Tier allein nicht

überle[b/p]t. Behutsam le[g/k]t er den Igel in ein Tuch und fährt schnell

zum Tierarz[d/t]. Dr. Krause lo[b/p]t Jan für sein Verhalten und sa[g/k]t dann:

„Der Igel ist gesun[d/t], aber viel zu klein.

Deshalb blei[b/p]t er hier."

2 Schreibe die braun gedruckten Wörter mit ihrer Verlängerung auf.
Male **b** oder **p**, **d** oder **t**, **g** oder **k** im Text oben an.

das Rad – die Räder,   der Wald – die Wälder,

bewegt – bewegen,   überlebt – überleben,

legt – legen,   der Tierarzt – die Tierärzte,

lobt – loben,   sagt – sagen,

gesund – viel gesünder,   bleibt – bleiben

Ableiten: **ä** kommt von **a**

Wenn ich nicht weiß,
ob ich **ä** oder **e** schreiben muss,
überlege ich blitzschnell ⚡,
ob es ein **verwandtes Wort**
mit a gibt.

1 ✏️ Schreibt man das Wort mit **ä** oder mit **e** ?

	die N ▢ gel	die Br ▢ tter
Verwandtes Wort mit **a** :	der N _____	*gibt es nicht*
Deshalb schreibt man:	_____	_____

> Man schreibt ein Wort mit **ä**,
> wenn es ein verwandtes Wort mit **a** gibt.

2 ✏️ Ergänze **ä** oder **e** und **a** oder **e** .

 Ein H ▢ ndchen ist eine kleine H ▢ nd.

 Ein Schw ▢ sterchen ist eine kleine Schw ▢ ster.

 Ein Fl ▢ schchen ist eine kleine Fl ▢ sche.

 Ein Z ▢ hnchen ist ein kleiner Z ▢ hn.

 Ein St ▢ rnchen ist ein kleiner St ▢ rn.

3 ✏️ Suche ein verwandtes Wort mit **a** .

die Glätte	kräftig	lächeln

_____   _____   _____

Ableiten: ä kommt von a

Wenn ich nicht weiß, ob ich **ä** oder **e** schreiben muss, überlege ich blitzschnell ϟ, ob es ein **verwandtes Wort mit a** gibt.

1 ✏ Schreibt man das Wort mit **ä** oder mit **e**?

	die N **ä** gel	die Br **e** tter
Verwandtes Wort mit **a** :	der Nagel	gibt es nicht
Deshalb schreibt man:	die Nägel	die Bretter

> Man schreibt ein Wort mit **ä**,
> wenn es ein verwandtes Wort mit **a** gibt.

2 ✏ Ergänze **ä** oder **e** und **a** oder **e**.

 Ein H **ä** ndchen ist eine kleine H **a** nd.

 Ein Schw **e** sterchen ist eine kleine Schw **e** ster.

 Ein Fl **ä** schchen ist eine kleine Fl **a** sche.

 Ein Z **ä** hnchen ist ein kleiner Z **a** hn.

 Ein St **e** rnchen ist ein kleiner St **e** rn.

3 ✏ Suche ein verwandtes Wort mit **a**.

die Glätte	kräftig	lächeln
glatt	die Kraft	lachen

Ableiten: **äu** kommt von **au**

Wenn ich nicht weiß,
ob ich **äu** oder **eu** schreiben muss,
überlege ich blitzschnell ⚡,
ob es ein **verwandtes Wort**
mit **au** gibt.

1 ✏️ Schreibt man das Wort mit **äu** oder mit **eu**?

	die B␣erin	das H␣
Verwandtes Wort mit **au**:	der B_____	*gibt es nicht*
Deshalb schreibt man:	_____	_____

> Man schreibt ein Wort mit **äu**,
> wenn es ein verwandtes Wort mit **au** gibt.

2 ✏️ **äu** oder **eu**? Gibt es ein verwandtes Wort mit **au**?
4-mal musst du *gibt es nicht* einsetzen.

die B **äu** che
_der Bauch_____

die Kr␣ter
_____

die Fr␣nde
_____

das B␣mchen
_____

die K␣le
_____

der R␣ber
_____

s␣bern
_____

der L␣fer
_____

l␣chten
_____

die B␣le
_____

aufr␣men
_____

der Verk␣fer
_____

Ableiten: **äu** kommt von **au**

Wenn ich nicht weiß,
ob ich **äu** oder **eu** schreiben muss,
überlege ich blitzschnell ⚡,
ob es ein **verwandtes Wort**
mit au gibt.

1 Schreibt man das Wort mit **äu** oder mit **eu** ?

	die B **äu** erin	das H **eu**
Verwandtes Wort mit **au** :	der B**au**er	*gibt es nicht*
Deshalb schreibt man:	die Bäuerin	das Heu

⋯⋯⋯⋯⋯⋯⋯⋯⋯⋯⋯⋯⋯⋯⋯⋯⋯⋯⋯⋯

Man schreibt ein Wort mit **äu**,
wenn es ein verwandtes Wort mit **au** gibt.

⋯⋯⋯⋯⋯⋯⋯⋯⋯⋯⋯⋯⋯⋯⋯⋯⋯⋯⋯⋯

2 **äu** oder **eu** ? Gibt es ein verwandtes Wort mit **au** ?
4-mal musst du *gibt es nicht* einsetzen.

die B **äu** che	die Kr **äu** ter	die Fr **eu** nde
der Bauch	das Kraut	gibt es nicht

das B **äu** mchen	die K **eu** le	der R **äu** ber
der Baum	gibt es nicht	rauben

s **äu** bern	der L **äu** fer	l **eu** chten
sauber	laufen	gibt es nicht

die B **eu** le	aufr **äu** men	der Verk **äu** fer
gibt es nicht	der Raum	verkaufen

Ableiten üben

1 ä oder e ? äu oder eu ? Ergänze.

Meine Fr eu nde und ich

spielen h___te Verst___cken.

Lea z___hlt laut bis zehn.

Jan krabbelt in das kleine H___schen.

Maja und ich r___nnen hinter das alte M___erchen.

Plötzlich hören wir aus den Str___chern neben uns

ein Ger___sch. Maja l___chelt. „Sieh mal, ein K___tzchen!",

flüstert sie. Sie hockt sich auf den Boden und str___ckt

ihre Hand aus. Langsam n___hert sich die Katze und schnuppert

mit ihrem N___schen an Majas Fingern. „Ob sie sich wohl

streicheln l___sst?", frage ich. Aber als ich das F___ll der Katze

berühren will, l___ft diese schn___ll davon.

2 Schreibe die Wörter mit ä und äu auf.
Setze immer ein verwandtes Wort mit a oder au dahinter.

zählt – die Zahl, _____

_____

_____

_____

_____

_____

Ableiten üben

1 ä oder e ? äu oder eu ? Ergänze.

Meine Fr **eu** nde und ich

spielen h **eu** te Verst **e** cken.

Lea z **ä** hlt laut bis zehn.

Jan krabbelt in das kleine H **äu** schen.

Maja und ich r **e** nnen hinter das alte M **äu** erchen.

Plötzlich hören wir aus den Str **äu** chern neben uns

ein Ger **äu** sch. Maja l **ä** chelt. „Sieh mal, ein K **ä** tzchen!",

flüstert sie. Sie hockt sich auf den Boden und str **e** ckt

ihre Hand aus. Langsam n **ä** hert sich die Katze und schnuppert

mit ihrem N **ä** schen an Majas Fingern. „Ob sie sich wohl

streicheln l **ä** sst?", frage ich. Aber als ich das F **e** ll der Katze

berühren will, l **äu** ft diese schn **e** ll davon.

2 Schreibe die Wörter mit ä und äu auf.
Setze immer ein verwandtes Wort mit a oder au dahinter.

zählt – die Zahl,   Häuschen – das Haus,

Mäuerchen – die Mauer,

Sträuchern – der Strauch,

Geräusch – rauschen,

lächelt – lachen,   Kätzchen – die Katze,

nähert – nah,   Näschen – die Nase,

lässt – lassen,   läuft – laufen

Lange und kurze Vokale

1 Lies den Text laut.

Sommergewitter

Dunkle Wolken z**ie**hen sich zus**a**mmen.

Ein leises Donnergrollen ist zu h**ö**ren.

Schon erleuchten Bl**i**tze den H**i**mmel.

Die ersten Regentropfen pr**a**sseln

auf den d**a**mpfenden B**o**den. Kurz darauf

regnet es in Str**ö**men. Menschen g**e**hen

mit schnellen Schritten zu einer n**a**he gelegenen

Bushaltestelle. Einige Augenblicke danach

n**ie**selt es. Kurz darauf ist die S**o**nne zu s**e**hen.

Nur noch wenige Pf**ü**tzen erinnern an das Gew**i**tter.

2  Kennzeichne in den grau gedruckten Wörtern
den **langen** Vokal mit einem Strich
und den **kurzen** Vokal mit einem Punkt.
Schreibe dann die Wörter geordnet auf.

8 Wörter mit
langem Vokal:

z**ie**hen, _____

_____

_____

8 Wörter mit
kurzem Vokal:

zus**a**mmen, _____

_____

_____

Lange und kurze Vokale

1 Lies den Text laut.

Sommergewitter

Dunkle Wolken zie̱hen sich zusạmmen.

Ein leises Donnergrollen ist zu hö̱ren.

Schon erleuchten Blịtze den Hịmmel.

Die ersten Regentropfen prạsseln

auf den dạmpfenden Bo̱den. Kurz darauf

regnet es in Strö̱men. Menschen ge̱hen

mit schnellen Schritten zu einer na̱he gelegenen

Bushaltestelle. Einige Augenblicke danach

nie̱selt es. Kurz darauf ist die Sọnne zu se̱hen.

Nur noch wenige Pfụ̈tzen erinnern an das Gewịtter.

2 Kennzeichne in den grau gedruckten Wörtern
den **langen** Vokal mit einem Strich
und den **kurzen** Vokal mit einem Punkt.
Schreibe dann die Wörter geordnet auf.

8 Wörter mit **langem** Vokal:	zie̱hen, hö̱ren, Bo̱den, Strö̱men, ge̱hen, na̱he, nie̱selt, se̱hen
8 Wörter mit **kurzem** Vokal:	zusạmmen, Blịtze, Hịmmel, prạsseln, dạmpfenden, Sọnne, Pfụ̈tzen, Gewịtter

Wörter mit Doppelkonsonanten

1 Welche sechs Tiere findest du? Male die Tiernamen mit verschiedenen Farben an.

Fo	mel	Wel	ril	ge	te
per	rel	Hum	le	sit	Rat
len	Klap	la	tich	Go	schlan

2 Schreibe die Tiernamen auf.
Kennzeichne den **kurzen** Vokal vor dem Doppelkonsonanten
mit einem Punkt.

Forelle,

3

Anna und Leon gehen in den Zoo.

Zuerst besuchen sie die A_____ .

Kurz darauf sehen sie einem Tierpfleger

bei der Fütterung der R_____ zu.

Im Insektenhaus sehen sie, wie ein

besonders schöner Sch_____

auf einer Blume landet.

Nur zu den Sp_____

gehen sie nicht.

4 Sprich die eingesetzten Wörter aus Aufgabe 3.
Kennzeichne den **kurzen** Vokal vor dem Doppelkonsonanten
mit einem Punkt.

Wörter mit Doppelkonsonanten

1 Welche sechs Tiere findest du? Male die Tiernamen mit verschiedenen Farben an.

Fo	mel	Wel	ril	ge	te
per	rel	Hum	le	sit	Rat
len	Klap	la	tich	Go	schlan

2 Schreibe die Tiernamen auf.
Kennzeichne den **kurzen** Vokal vor dem Doppelkonsonanten mit einem Punkt.

Forelle, Wellensittich, Hummel,

Ratte, Klapperschlange, Gorilla

3

Anna und Leon gehen in den Zoo.

Zuerst besuchen sie die Affen .

Kurz darauf sehen sie einem Tierpfleger

bei der Fütterung der Robben zu.

Im Insektenhaus sehen sie, wie ein

besonders schöner Schmetterling

auf einer Blume landet.

Nur zu den Spinnen

gehen sie nicht.

4 Sprich die eingesetzten Wörter aus Aufgabe 3.
Kennzeichne den **kurzen** Vokal vor dem Doppelkonsonanten mit einem Punkt.

Lösungen

Wörter mit ie

1 Kennzeichne den **langen** Vokal mit einem Strich und den **kurzen** Vokal mit einem Punkt.

die Insel	schicken	frieren	dicht	das Radieschen
niesen	die Spitze	die Risse	fies	spazieren
beginnen	das Gebiet	niemals	der Stift	zwischen
die Fliege	knistern	die Mitte	schief	probieren

2 Was fällt dir auf?

ie klingt immer _____

3 Ergänze **ie** oder **i** . Welches Wort passt nicht in die Reihe? Streiche es durch.

die Kl___ngel   die Kl___ppe   die K___fer   die Kl___nke

das F___ber   die F___chte   der Fr___den   der Fl___der

der Spaz___rgang   der Sp___gel   die Spr___tze   das Sp___l

zw___tschern   z___schen   z___ttern   z___len

4 Ergänze **ie** oder **i** .

L___ber Onkel Ralf,

am D___nstagnachm___ttag ___st unser

großes Sp___l. Schade, dass du n___cht h___r

sein kannst. Hoffentl___ch sch___ßt Steffen

w___der so v___le Tore w___ beim letzten Mal.

Drück uns b___tte d___ Daumen!

Dein Tom und dein Steffen

Wörter mit ie

1 Kennzeichne den **langen** Vokal mit einem Strich und den **kurzen** Vokal mit einem Punkt.

die Insel	schicken	frieren	dicht	das Radieschen
niesen	die Spitze	die Risse	fies	spazieren
beginnen	das Gebiet	niemals	der Stift	zwischen
die Fliege	knistern	die Mitte	schief	probieren

2 Was fällt dir auf?

ie klingt immer lang.

3 Ergänze **ie** oder **i**. Welches Wort passt nicht in die Reihe? Streiche es durch.

die Kl **i** ngel   die Kl **i** ppe   ~~die K **ie** fer~~   die Kl **i** nke

das F **ie** ber   ~~die F **i** chte~~   der Fr **ie** den   der Fl **ie** der

der Spaz **ie** rgang   der Sp **ie** gel   ~~die Spr **i** tze~~   das Sp **ie** l

zw **i** tschern   z **i** schen   z **i** ttern   ~~z **ie** len~~

4 Ergänze **ie** oder **i**.

L **ie** ber Onkel Ralf,

am D **ie** nstagnachm **i** ttag **i** st unser

großes Sp **ie** l. Schade, dass du n **i** cht h **ie** r

sein kannst. Hoffentl **i** ch sch **ie** ßt Steffen

w **ie** der so v **ie** le Tore w **ie** beim letzten Mal.

Drück uns b **i** tte d **ie** Daumen!

Dein Tom und dein Steffen

Verben: Vergangenheitsformen mit **ie**

1 Bilde die Vergangenheitsform.

wir rufen   wir bleiben   wir schreien

__wir riefen__ _____   _____   _____

wir laufen   wir halten   wir schlafen

_____   _____   _____

2 Setze die passende Vergangenheitsform aus Aufgabe 1 ein.

Letzten Sommer _____ meine Schwester und ich

im Zelt in unserem Garten. Abends _____ wir

noch lange wach und erzählten uns Gruselgeschichten.

Plötzlich hörten wir ein merkwürdiges Geräusch. Vor Schreck

_____ wir laut auf und _____ um Hilfe.

Weil niemand kam, nahmen wir all unseren Mut zusammen

und öffneten das Zelt. Wir _____ uns an den Händen

und _____ einmal um das Zelt herum.

Und wer saß dort und kratzte an einem

Baumstamm? Unser Kater Willi.

Verben: Vergangenheitsformen mit ie

1 Bilde die Vergangenheitsform.

wir rufen   wir bleiben   wir schreien

wir riefen   wir blieben   wir schrien

wir laufen   wir halten   wir schlafen

wir liefen   wir hielten   wir schliefen

2 Setze die passende Vergangenheitsform aus Aufgabe 1 ein.

Letzten Sommer __schliefen__ meine Schwester und ich
im Zelt in unserem Garten. Abends __blieben__ wir
noch lange wach und erzählten uns Gruselgeschichten.
Plötzlich hörten wir ein merkwürdiges Geräusch. Vor Schreck
__schrien__ wir laut auf und __riefen__ um Hilfe.
Weil niemand kam, nahmen wir all unseren Mut zusammen
und öffneten das Zelt. Wir __hielten__ uns an den Händen
und __liefen__ einmal um das Zelt herum.
Und wer saß dort und kratzte an einem
Baumstamm? Unser Kater Willi.

Wörter mit ck

1 Verändere die Vokale und bilde so neue Verben.
Kennzeichne den **kurzen** Vokal mit einem Punkt.

| kn**i**cken | l**o**cken | b**ü**cken |

knacken

| schl**e**cken | dr**ü**cken | schm**ü**cken |

2 10 Verben mit **ck** sind versteckt. Male sie zuerst an. Schreibe dann die Verben auf und kennzeichne den kurzen Vokal vor **ck** mit einem Punkt.

A	V	H	V	E	R	S	T	E	C	K	E	N	P	Z	W
Q	C	G	G	D	Q	X	T	R	W	N	L	P	Y	X	T
S	P	U	C	K	E	N	A	C	G	G	E	R	U	W	M
C	I	C	E	Q	W	S	N	P	F	L	Ü	C	K	E	N
H	H	K	L	D	R	B	S	A	A	S	Y	T	N	C	K
I	E	E	M	Y	S	O	P	C	Z	U	I	B	Y	K	J
C	J	N	N	D	M	E	C	K	E	R	N	X	V	E	U
K	V	P	L	T	I	O	L	E	L	M	I	W	B	N	E
E	N	T	D	E	C	K	E	N	W	G	H	K	Q	A	T
N	T	J	D	M	W	R	T	V	M	H	A	C	K	E	N

gucken,

Wörter mit ck

1 Verändere die Vokale und bilde so neue Verben.
Kennzeichne den **kurzen** Vokal mit einem Punkt.

knicken	locken	bücken
knacken	lecken	backen

schlecken	drücken	schmücken
schlucken	drucken	schmecken

2 10 Verben mit **ck** sind versteckt. Male sie zuerst an. Schreibe dann die Verben auf und kennzeichne den kurzen Vokal vor **ck** mit einem Punkt.

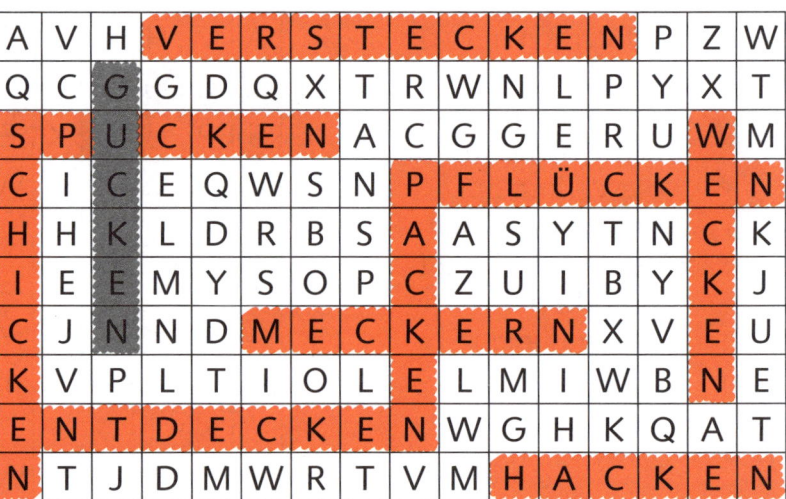

A	V	H	V	E	R	S	T	E	C	K	E	N	P	Z	W
Q	C	G	G	D	Q	X	T	R	W	N	L	P	Y	X	T
S	P	U	C	K	E	N	A	C	G	G	E	R	U	W	M
C	I	C	E	Q	W	S	N	P	F	L	Ü	C	K	E	N
H	H	K	L	D	R	B	S	A	A	S	Y	T	N	C	K
I	E	E	M	Y	S	O	P	C	Z	U	I	B	Y	K	J
C	J	N	N	D	M	E	C	K	E	R	N	X	V	E	U
K	V	P	L	T	I	O	L	E	L	M	I	W	B	N	E
E	N	T	D	E	C	K	E	N	W	G	H	K	Q	A	T
N	T	J	D	M	W	R	T	V	M	H	A	C	K	E	N

gucken, verstecken, spucken,

pflücken, meckern, entdecken,

hacken, schicken, packen, wecken

ck steht nur nach einem kurzen Vokal.

Lösungen

ck oder k?

1 Kennzeichne den **langen** Vokal oder Zwielaut mit einem Strich und den **kurzen** Vokal mit einem Punkt.

Laken	Jacke	stricken	Luke	erschrecken

Decke	quaken	Acker	sich ekeln	schaukeln

> Nach **langen** Vokalen oder Zwielauten steht **nie ck**.

2 Kennzeichne **kurze** und **lange** Vokale.
Setze dann **ck** oder **k** ein.

 Schne **ck** e

 Kra ___ e

 Mü ___ e

 Ke ___ se

 Ja ___ e

 Ha ___ en

 Da ___ el

 Pau ___ e

 Rö ___ e

 We ___ er

 Brü ___ e

 Kro ___ us

3 Was tun die Tiere?

quie ___

spu ___

qua ___

blö ___

ck oder k?

1 Kennzeichne den **langen** Vokal oder Zwielaut mit einem Strich und den **kurzen** Vokal mit einem Punkt.

La̱ken   Ja̤cke   stri̤cken   Lu̱ke   erschre̤cken

De̤cke   qua̱ken   A̤cker   sich e̱keln   scha̱ukeln

:::
Nach **langen** Vokalen oder Zwielauten steht **nie ck**.
:::

2  Kennzeichne **kurze** und **lange** Vokale.
Setze dann `ck` oder `k` ein.

 Schne̤ **ck** e    Kra̱ **k** e    Mü **ck** e

 Ke̱ **k** se    Ja̤ **ck** e   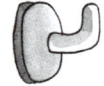 Ha̱ **k** en

 Da̤ **ck** el   Pa̱u **k** e    Rö̤ **ck** e

 We̤ **ck** er    Brṳ̈ **ck** e    Kro̱ **k** us

3 Was tun die Tiere?

quie̱ken   spṳcken   qua̱ken   blö̱ken

Wörter mit **lk, nk** und **rk**

 1 Male **lk**, **nk** und **rk** in den Wörtern mit verschiedenen Farben an.

Heute wollen Leon und Mama Onkel Martin im Krankenhaus
besuchen. Auf dem Markt haben sie einen Strauß Nelken
gekauft. Die Blumen, die sie Onkel Martin am letzten Samstag
geschenkt haben, sind inzwischen sicherlich schon verwelkt.
Im Krankenhaus klopft Leon leise an die Zimmertür und drückt
die Klinke herunter. Was er sieht, ist wirklich
merkwürdig: Das Zimmer ist leer! Mama sagt,
Onkel Martin sei vielleicht im Park spazieren.
Doch das glaubt Leon nicht, denn am Himmel
sind dunkle Regenwolken zu sehen. Plötzlich
lacht Mama laut und sagt: „Merkst du nichts,
Leon? Das ist die Zimmernummer 215. Hier
ist niemand, weil wir uns in der Tür geirrt haben! Onkel Martin
liegt in Zimmer 214, das ist das linke Zimmer nebenan."

 2 Ordne die Wörter mit **lk**, **nk** und **rk**.
 Schreibe „Onkel" und „Krankenhaus" nur einmal.

lk   Nelken,
_____

nk   _____

_____

rk   _____

```
Nach l, n und r steht nie ck, sondern nur k.
```

Wörter mit **lk**, **nk** und **rk**

1 Male `lk`, `nk` und `rk` in den Wörtern mit verschiedenen Farben an.

Heute wollen Leon und Mama Onkel Martin im Krankenhaus besuchen. Auf dem Markt haben sie einen Strauß Nelken gekauft. Die Blumen, die sie Onkel Martin am letzten Samstag geschenkt haben, sind inzwischen sicherlich schon verwelkt. Im Krankenhaus klopft Leon leise an die Zimmertür und drückt die Klinke herunter. Was er sieht, ist wirklich merkwürdig: Das Zimmer ist leer! Mama sagt, Onkel Martin sei vielleicht im Park spazieren. Doch das glaubt Leon nicht, denn am Himmel sind dunkle Regenwolken zu sehen. Plötzlich lacht Mama laut und sagt: „Merkst du nichts, Leon? Das ist die Zimmernummer 215. Hier ist niemand, weil wir uns in der Tür geirrt haben! Onkel Martin liegt in Zimmer 214, das ist das linke Zimmer nebenan."

2 Ordne die Wörter mit `lk`, `nk` und `rk`.
Schreibe „Onkel" und „Krankenhaus" nur einmal.

`lk`   Nelken,   verwelkt,   Regenwolken

`nk`   Onkel,   Krankenhaus,   geschenkt,   Klinke,

dunkle,   linke

`rk`   Markt,   wirklich,   merkwürdig,   Park,   Merkst

> Nach **l**, **n** und **r** steht **nie ck**, sondern **nur k**.

Wörter mit **tz**

1 Finde immer ein passendes Verb.
Kennzeichne den **kurzen** Vokal mit einem Punkt.

der Sitz	der Schutz	der Platz
<u>si̱tzen</u>		

der Blitz	der Putz	der Besitz

der Schmutz	die Verletzung	die Hitze
ver	ver	er

> **tz** steht nur nach einem kurzen Vokal.

2 Löse das Rätsel. Wie heißt das Lösungswort?

Ein anderes Wort für Fernseher ist …

Du schläfst auf einer …

Ein beliebtes Haustier ist die …

Anna fürchtet sich beim Arzt vor der …

Ein paniertes Stück Fleisch heißt …

Das Gegenteil von Kälte ist …

Ein Spatz – viele …

Eine Kopfbedeckung im Winter ist die …

G	L	O	T	Z	E

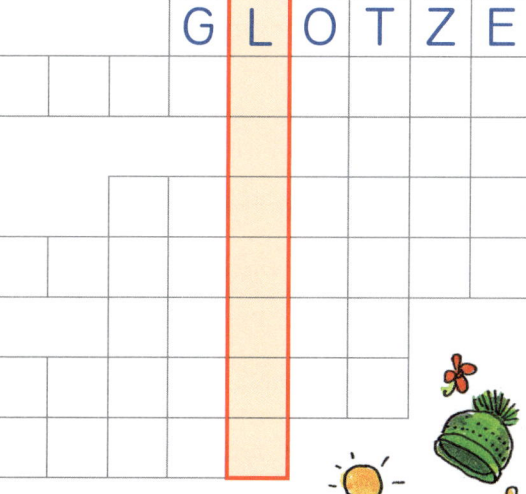

Lösung: Viele Kinder naschen gern _____.

Wörter mit tz

1 Finde immer ein passendes Verb.
Kennzeichne den **kurzen** Vokal mit einem Punkt.

der Sitz

si̦tzen

der Schutz

schü̦tzen

der Platz

pla̦tzen

der Blitz

bli̦tzen

der Putz

pu̦tzen

der Besitz

besi̦tzen

der Schmutz

verschmu̦tzen

die Verletzung

verle̦tzen

die Hitze

erhi̦tzen

....
: **tz** steht nur nach einem kurzen Vokal. :
....

2 Löse das Rätsel. Wie heißt das Lösungswort?

Ein anderes Wort für Fernseher ist …

Du schläfst auf einer …

Ein beliebtes Haustier ist die …

Anna fürchtet sich beim Arzt vor der …

Ein paniertes Stück Fleisch heißt …

Das Gegenteil von Kälte ist …

Ein Spatz – viele …

Eine Kopfbedeckung im Winter ist die …

			G	L	O	T	Z	E
M	A	T	R	A	T	Z	E	
				K	A	T	Z	E
		S	P	R	I	T	Z	E
S	C	H	N	I	T	Z	E	L
		H	I	T	Z	E		
S	P	A	T	Z	E	N		
M	Ü	T	Z	E				

Lösung: Viele Kinder naschen gern Lakritze .

tz oder z?

1 Kennzeichne den **langen** Vokal mit einem Strich und den **kurzen** Vokal mit einem Punkt.

Kr**eu**zung   Pf**ü**tze   k**i**tzeln   schw**i**tzen

ben**u**tzen   Kap**u**ze   g**ei**zig   Br**e**zel

> Nach **langen** Vokalen oder Zwielauten steht **nie tz**.

2 Kennzeichne **kurze** und **lange** Vokale.
Setze dann **tz** oder **z** ein.

si **tz** en   rei___end   fli___en   Ka___en

M**ie**___e   schm**u**___ig   H**ei**___ung   w**i**___ig

Schn**au**___e   p**u**___en   kr**a**___en

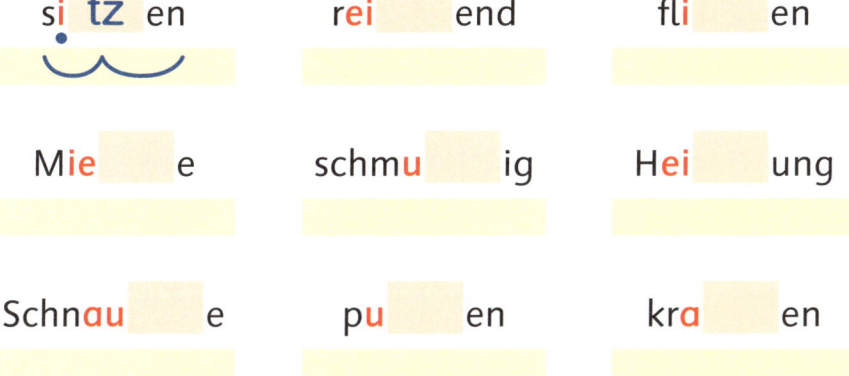

3 Ergänze den Lückentext mit den Wörtern aus Aufgabe 2.

Unsere beiden _____ sind wirklich _____.

Sie heißen _____ und Max. Gern _____ sie auf

der _____ und schauen aus dem Fenster. Manchmal

probiert Max, Fliegen zu fangen. Er stupst dabei mit seiner

kleinen _____ an die Scheibe, die davon ganz

_____ wird. Papa findet das gar nicht _____,

denn er muss die Scheibe wieder _____. Richtig böse wird

Papa, wenn die zwei am Sofa _____. „Weg da, sofort!",

ruft Papa dann und die beiden _____ schnell davon.

tz oder z?

1  Kennzeichne den **langen** Vokal mit einem Strich und den **kurzen** Vokal mit einem Punkt.

Kreuzung Pfütze kitzeln schwitzen

benutzen Kapuze geizig Brezel

> Nach **langen** Vokalen oder Zwielauten steht **nie tz**.

2 Kennzeichne **kurze** und **lange** Vokale. Setze dann **tz** oder **z** ein.

 si **tz** en   rei **z** end   fli **tz** en   Ka **tz** en

Mie **z** e   schmu **tz** ig   Hei **z** ung   wi **tz** ig

Schnau **z** e   pu **tz** en   kra **tz** en

3 Ergänze den Lückentext mit den Wörtern aus Aufgabe 2.

Unsere beiden __Katzen__ sind wirklich __reizend__.
Sie heißen __Mieze__ und Max. Gern __sitzen__ sie auf
der __Heizung__ und schauen aus dem Fenster. Manchmal
probiert Max, Fliegen zu fangen. Er stupst dabei mit seiner
kleinen __Schnauze__ an die Scheibe, die davon ganz
__schmutzig__ wird. Papa findet das gar nicht __witzig__,
denn er muss die Scheibe wieder __putzen__. Richtig böse wird
Papa, wenn die zwei am Sofa __kratzen__. „Weg da, sofort!",
ruft Papa dann und die beiden __flitzen__ schnell davon.

 Lösungen

Wörter mit **lz**, **nz** und **rz**

1 Male lz , nz und rz in den Wörtern mit verschiedenen Farben an.

Anton und Leon sind dicke Freunde. Heute suchen sie im Park nach Pflanzen und Pilzen, die sie für den Unterricht zeichnen wollen. Anton nimmt gerade einen schwarzen Filzstift aus seinem Ranzen, als er Leon laut aufschreien hört. Leon ist über ein Stück Holz gestolpert und auf den Boden gestürzt. Anton runzelt die Stirn. „Kannst du aufstehen?", fragt er. Leon schüttelt den Kopf. „Ich hab die blöde Wurzel nicht gesehen", sagt er und hält seinen schmerzenden Knöchel. Anton überlegt kurz und läuft dann beherzt auf eine Frau zu, die in der Nähe auf einer Parkbank sitzt. Gemeinsam verständigen sie Leons Mutter, die Leon zum Arzt bringt. Am Abend erzählt Leon seinem Freund am Telefon ganz stolz von dem Gipsverband, den er bekommen hat.

2 Ordne die Wörter mit lz , nz und rz .

lz _____

nz Pflanzen, _____

rz _____

_____

> Nach **l**, **n** und **r** steht **nie tz**, sondern **nur z**.

Wörter mit **lz**, **nz** und **rz**

1 Male `lz`, `nz` und `rz` in den Wörtern mit verschiedenen Farben an.

Anton und Leon sind dicke Freunde. Heute suchen sie im Park nach Pflanzen und Pilzen, die sie für den Unterricht zeichnen wollen. Anton nimmt gerade einen schwarzen Filzstift aus seinem Ranzen, als er Leon laut aufschreien hört. Leon ist über ein Stück Holz gestolpert und auf den Boden gestürzt. Anton runzelt die Stirn. „Kannst du aufstehen?", fragt er. Leon schüttelt den Kopf. „Ich hab die blöde Wurzel nicht gesehen", sagt er und hält seinen schmerzenden Knöchel. Anton überlegt kurz und läuft dann beherzt auf eine Frau zu, die in der Nähe auf einer Parkbank sitzt. Gemeinsam verständigen sie Leons Mutter, die Leon zum Arzt bringt. Am Abend erzählt Leon seinem Freund am Telefon ganz stolz von dem Gipsverband, den er bekommen hat.

2 Ordne die Wörter mit `lz`, `nz` und `rz`.

`lz` Pilzen, Filzstift, Holz, stolz

`nz` Pflanzen, Ranzen, runzelt, ganz

`rz` schwarzen, gestürzt, Wurzel,

schmerzenden, kurz, beherzt, Arzt

> Nach **l**, **n** und **r** steht **nie tz**, sondern **nur z**.

Wortstamm und Endung

1 Schreibe die passende Personalform auf.
Male den **Wortstamm** und die **Endung** mit verschiedenen Farben an.

singen	probieren	kommen
ich **singe**	**probiere**	
du **singst**		
er/sie/es **singt**		
wir **singen**		
ihr **singt**		
sie (alle) **singen**		

↑ ↑
Wortstamm Endung

2 Setze die passende Form von **kommen** ein.

Max und Leon _____

von der Schule nach Hause.

„_____ ihr zum Mittagessen?",

ruft die Mutter aus der Küche.

„Wir _____ gleich!", ertönt es aus dem Kinderzimmer.

Eine Minute später _____ Leon in die Küche.

„Max, wo bleibst du?", ruft die Mutter. „Ich _____

sofort!", hört man Max rufen. Kurz darauf sitzen alle am Tisch.

„Du _____ immer zu spät", schimpft die Mutter,

„nimm dir doch einfach deinen Bruder als Vorbild!"

Wortstamm und Endung

Schreibe die passende Personalform auf.
Male den **Wortstamm** und die **Endung** mit verschiedenen Farben an.

	singen	probieren	kommen
ich	singe	probiere	komme
du	singst	probierst	kommst
er/sie/es	singt	probiert	kommt
wir	singen	probieren	kommen
ihr	singt	probiert	kommt
sie (alle)	singen	probieren	kommen

↑ ↑
Wortstamm Endung

Setze die passende Form von **kommen** ein.

Max und Leon __kommen__

von der Schule nach Hause.

„__Kommt__ ihr zum Mittagessen?",

ruft die Mutter aus der Küche.

„Wir __kommen__ gleich!", ertönt es aus dem Kinderzimmer.

Eine Minute später __kommt__ Leon in die Küche.

„Max, wo bleibst du?", ruft die Mutter. „Ich __komme__

sofort!", hört man Max rufen. Kurz darauf sitzen alle am Tisch.

„Du __kommst__ immer zu spät", schimpft die Mutter,

„nimm dir doch einfach deinen Bruder als Vorbild!"

Verben mit Wortbausteinen

1 Was passt? Kreuze an.

	ab	an	auf	aus	ein	fest	zurück
rufen							
geben							
hören							
stehen							
legen							

2

ab ste hen   **an** ste hen   ~~**auf** ste hen~~   **fest** ste hen

Jeden Morgen __stehen__ die Kinder um 7 Uhr __auf__.

Mama und Papa _____ an der Kasse _____.

Petras Ohren _____ etwas _____.

Die Gewinner des Wettbewerbs _____ seit heute _____.

ab ge ben   **an** ge ben   **aus** ge ben   **ein** ge ben

Für unseren Urlaub _____ wir viel Geld _____.

Jonas und Ben _____ einen Text in den Computer _____.

Wir _____ allen Kindern von unseren Bonbons _____.

Im Rathaus _____ Oma und Opa ihre neue Adresse _____.

Verben mit Wortbausteinen

1 Was passt? Kreuze an.

	ab	an	auf	aus	ein	fest	zurück
rufen	X	X	X	X	—	—	X
geben	X	X	X	X	X	—	X
hören	X	X	X	—	—	—	—
stehen	X	X	X	X	X	X	X
legen	X	X	X	X	X	X	X

2 ~~ab~~ ste hen   ~~an~~ ste hen   ~~auf~~ ste hen   ~~fest~~ ste hen

Jeden Morgen __stehen__ die Kinder um 7 Uhr __auf__ .

Mama und Papa __stehen__ an der Kasse __an__ .

Petras Ohren __stehen__ etwas __ab__ .

Die Gewinner des Wettbewerbs __stehen__ seit heute __fest__ .

~~ab~~ ge ben   ~~an~~ ge ben   ~~aus~~ ge ben   ~~ein~~ ge ben

Für unseren Urlaub __geben__ wir viel Geld __aus__ .

Jonas und Ben __geben__ einen Text in den Computer __ein__ .

Wir __geben__ allen Kindern von unseren Bonbons __ab__ .

Im Rathaus __geben__ Oma und Opa ihre neue Adresse __an__ .

Lösungen

Verben mit **ver-** und **vor-**

> Jeder Herr und jede Frau schreibt **vor-** und **ver-** mit einem **v**.

1 ver- oder vor- ?

ver-	vor-
<u>verachten</u>	

ach ten

be rei ten

fin den

ha ben

zei gen

ir ren

jam mern

mei den

ra ten

glei chen

2  ver rech nen oder vor rech nen ?

Einige Kinder _____ sich bei der Übungsaufgabe.

Franka und Lea _____

die Aufgabe an der Tafel _____ .

ver stel len oder vor stel len ?

Jana und Tom _____ den Weg.

Peter und Paul _____ ihr Plakat _____ .

Verben mit **ver-** und **vor-**

1  **ver-** oder **vor-** ?

ver-	vor-
verachten	vorbereiten
verirren	vorfinden
vermeiden	vorhaben
verraten	vorzeigen
vergleichen	vorjammern

ach ten

be rei ten

fin den

ha ben

zei gen

ir ren

jam mern

mei den

ra ten

glei chen

2  ver rech nen oder vor rech nen ?

Einige Kinder __verrechnen__ sich bei der Übungsaufgabe.

Franka und Lea __rechnen__

die Aufgabe an der Tafel __vor__ .

 ver stel len oder vor stel len ?

Jana und Tom __verstellen__ den Weg.

Peter und Paul __stellen__ ihr Plakat __vor__ .

Wortfamilie und Wortstamm (I)

1  Male alle Wörter einer Wortfamilie mit der gleichen Farbe an.

strahlen	der Befehl
belohnen	nehmen
lehrreich	der Sonnenstrahl
fehlen	die Lehrerin

*Lehrerin ist ein Merkwort.
Wenn ich den Wortstamm lehr kenne,
kann ich auch viele andere Wörter richtig
schreiben, z. B. lehren, Lehrbuch,
belehren, Gelehrter ...*

die Belohnung	fehlerhaft	der Finderlohn	angenehm
die Strahlung	der Lehrling	der Teilnehmer	der Fehltag
mitnehmen	lohnen	bestrahlen	die Lehre

> Jedes Wort hat einen Wortstamm, der meist gleich bleibt.
> Wörter mit dem gleichen Wortstamm bilden eine **Wortfamilie**.

2 Bilde Wörter. Male in allen Wörtern den Wortstamm an.

ab		en
be	**Zahl**	ung
an	**zahl**	los
Ein		t

Milch		en	lücke
ver	**Zahn**	ung	rad
Backen	**zahn**	los	arzt
Löwen		t	bürste

abzahlen, _____

_____

_____

Milchzahn, _____

_____

Wortfamilie und Wortstamm (I)

1 Male alle Wörter einer Wortfamilie mit der gleichen Farbe an.

strahlen	der Befehl
belohnen	nehmen
lehrreich	der Sonnenstrahl
fehlen	die Lehrerin

die Belohnung	fehlerhaft	der Finderlohn	angenehm
die Strahlung	der Lehrling	der Teilnehmer	der Fehltag
mitnehmen	lohnen	bestrahlen	die Lehre

> *Lehrerin* ist ein Merkwort. Wenn ich den Wortstamm *lehr* kenne, kann ich auch viele andere Wörter richtig schreiben, z. B. *lehren*, *Lehrbuch*, *belehren*, *Gelehrter* ...

> Jedes Wort hat einen Wortstamm, der meist gleich bleibt.
> Wörter mit dem gleichen Wortstamm bilden eine **Wortfamilie**.

2  Bilde Wörter. Male in allen Wörtern den Wortstamm an.

ab		en		Milch		en	lücke
be	**Zahl**	ung		ver	**Zahn**	ung	rad
an	**zahl**	los		Backen	**zahn**	los	arzt
Ein		t		Löwen		t	bürste

abzahlen, bezahlen, anzahlen, Einzahl, Zahlen, Zahlung, zahlen, zahllos, zahlt, bezahlt, Zahl

Milchzahn, verzahnen, verzahnt, Backenzahn, Löwenzahn, Zahnlücke, Zahnrad, Zahnarzt, Zahnbürste, zahnen, zahnlos, zahnt, Zahnung, Zahn

Wortfamilie und Wortstamm (II)

1 Setze ein. Male in allen Wörtern den Wortstamm an.

Jan und Steffen brauchen eine _____ .

Zuerst holen sie aus dem _____

eine _____ Flasche Limonade.

Anschließend _____ sie

ihre heißen Beine in kaltem Wasser.

Danach essen sie noch ein Eis

aus der _____ .

kühlen
Kühltruhe
Kühlschrank
Abkühlung
gekühlte

2 Bilde Wörter. Male in allen Wörtern den Wortstamm an.

jähr ver Nahr Schul nähr en en markt wahl

er Jahr Aus Er wähl lich hundert stoffe en

wähl Nähr Jahr Vor nähr ung wahl jahr ung

Jahr / **jahr** / **jähr** _____

_____

Nahr / **Nähr** / **nähr** _____

_____

Wahl / **wahl** / **wähl** _____

_____

3 Male in den Wörtern den gleichen Wortstamm an.

gefühlvoll   mitfühlen   fühlbar   Fingerspitzengefühl

feinfühlig   gefühllos   Fühler   einfühlsam

Wortfamilie und Wortstamm (II)

1 Setze ein. Male in allen Wörtern den Wortstamm an.

Jan und Steffen brauchen eine __Ab**kühl**ung__ .

Zuerst holen sie aus dem __**Kühl**schrank__

eine __ge**kühl**te__ Flasche Limonade.

Anschließend __**kühl**en__ sie

ihre heißen Beine in kaltem Wasser.

Danach essen sie noch ein Eis

aus der __**Kühl**truhe__ .

~~kühlen~~

~~Kühltruhe~~

~~Kühlschrank~~

~~Abkühlung~~

~~gekühlte~~

2 Bilde Wörter. Male in allen Wörtern den Wortstamm an.

~~jähr~~ ~~ver~~ ~~Nahr~~ ~~Schul~~ ~~nähr~~ ~~en~~ ~~en~~ ~~markt~~ ~~wahl~~

~~er~~ ~~Jahr~~ ~~Aus~~ ~~Er~~ ~~wähl~~ ~~lich~~ ~~hundert~~ ~~stoffe~~ ~~en~~

~~wähl~~ ~~Nähr~~ ~~Jahr~~ ~~Vor~~ ~~nähr~~ ~~ung~~ ~~wahl~~ ~~jahr~~ ~~ung~~

Jahr / **jahr** / **jähr**   **Jähr**lich, **Jahr**markt, **Jahr**hundert, Schul**jahr**

Nahr / **Nähr** / **nähr**   er**nähr**en, **Nahr**ung, Er**nähr**ung, **Nähr**stoffe

Wahl / **wahl** / **wähl**   **wähl**en, Vor**wahl**, Aus**wahl**, ver**wähl**en

3 Male in den Wörtern den gleichen Wortstamm an.

ge**fühl**voll   mit**fühl**en   **fühl**bar   Fingerspitzenge**fühl**

fein**fühl**ig   ge**fühl**los   **Fühl**er   ein**fühl**sam

Wortfamilie und Wortstamm (III)

1 Schreibe die Wortfamilien auf. Male den Wortstamm an.
Ein Wort (das Kuckucksei) passt nicht in die Reihe! Kreise es ein.

die Stoßstange   stoßen   der Freistoß   die Fußbälle

die Stoßstange,

das Schließfach   der Fußgänger   schließlich   beschließen

fließen   das Fließband   barfuß   fließend

der Tausendfüßler   süß   versüßen   die Süßigkeit

die Begrüßung   der Fuß   der Gruß   grüßen

der Fußboden   der Fleiß   die Fleißarbeit   fleißig

die Größe   das Füßchen   vergrößern   die Großmutter

2 Die Kuckuckseier ergeben auch eine Wortfamilie.
Schreibe sie auf. Male immer den Wortstamm an.

Wortfamilie und Wortstamm (III)

1 Schreibe die Wortfamilien auf. Male den Wortstamm an.
Ein Wort (das Kuckucksei) passt nicht in die Reihe! Kreise es ein.

die Stoßstange   stoßen   der Freistoß   (die Fußbälle)

die Stoßstange,   stoßen,   der Freistoß

das Schließfach   (der Fußgänger)   schließlich   beschließen

das Schließfach,   schließlich,   beschließen

fließen   das Fließband   (barfuß)   fließend

fließen,   das Fließband,   fließend

(der Tausendfüßler)   süß   versüßen   die Süßigkeit

süß,   versüßen,   die Süßigkeit

die Begrüßung   (der Fuß)   der Gruß   grüßen

die Begrüßung,   der Gruß,   grüßen

(der Fußboden)   der Fleiß   die Fleißarbeit   fleißig

der Fleiß,   die Fleißarbeit,   fleißig

die Größe   (das Füßchen)   vergrößern   die Großmutter

die Größe,   vergrößern,   die Großmutter

2 Die Kuckuckseier ergeben auch eine Wortfamilie.
Schreibe sie auf. Male immer den Wortstamm an.

die Fußbälle,   der Fußgänger,
barfuß,   der Tausendfüßler,
der Fuß,   der Fußboden,   das Füßchen

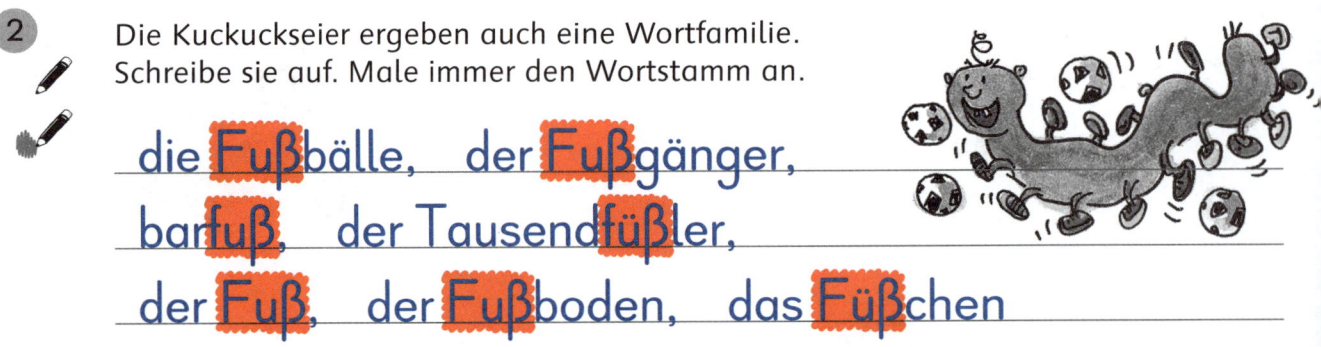

Zusammengesetzte Nomen (I)

 **1** Bilde zusammengesetzte Nomen mit **Stadt** / **stadt** .

Nachbar

Haupt

Welt

 Stadt
stadt

Mauer

Bücherei   Teil

Park   Fest

Plan

Grenze

Nachbarstadt, _____

_____

_____

 **2** Verbinde, was zusammenpasst.

der Acker	das Messer
der Arzt	der Boden
die Butter	das Spiel
der Würfel	die Praxis

der Ackerboden _____

_____

_____

3 Markiere zuerst die Wortgrenzen mit Strichen.
Schreibe dann immer zwei zusammengesetzte Nomen.

DIE KOPF|SCHMERZ|TA BLET TE

der Kopfschmerz,   die Schmerztablette _____

DAS TÜR SCHLÜS SEL LOCH

der   _das_ _____

DIE AP FEL SAFT PRES SE

der   _die_ _____

Zusammengesetzte Nomen (I)

1 Bilde zusammengesetzte Nomen mit **Stadt** / **stadt** .

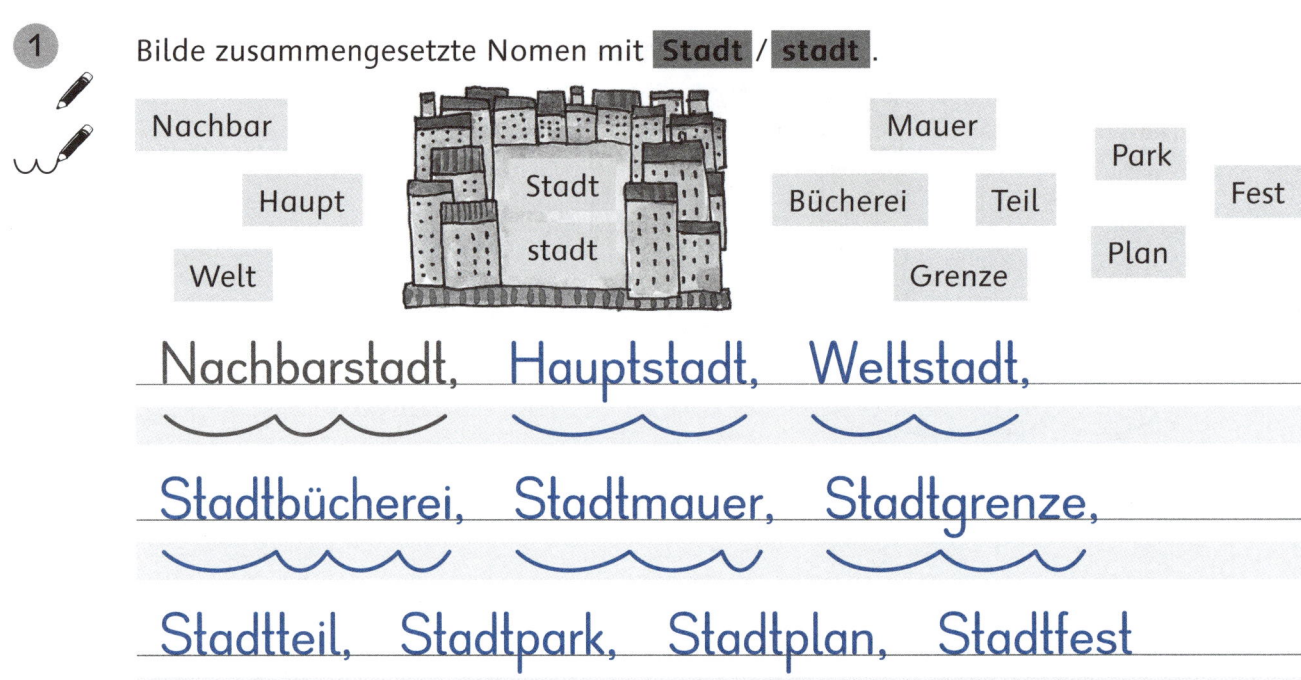

Nachbar   Haupt   Welt   Stadt   stadt   Bücherei   Teil   Mauer   Park   Fest   Plan   Grenze

Nachbarstadt,   Hauptstadt,   Weltstadt,

Stadtbücherei,   Stadtmauer,   Stadtgrenze,

Stadtteil,   Stadtpark,   Stadtplan,   Stadtfest

2 Verbinde, was zusammenpasst.

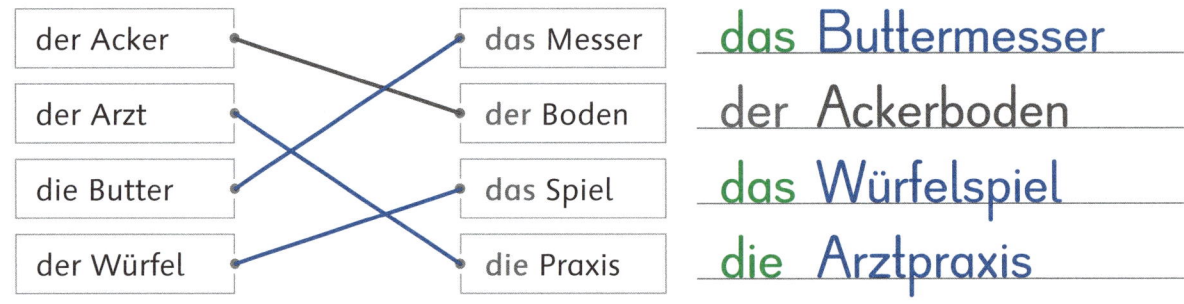

der Acker	das Messer	**das** Buttermesser
der Arzt	der Boden	**der** Ackerboden
die Butter	das Spiel	**das** Würfelspiel
der Würfel	die Praxis	**die** Arztpraxis

3  Markiere zuerst die Wortgrenzen mit Strichen.
Schreibe dann immer zwei zusammengesetzte Nomen.

DIE KOPF|SCHMERZ|TA BLET TE

der Kopfschmerz,   die Schmerztablette

DAS TÜR|SCHLÜS SEL|LOCH

der Türschlüssel,   das Schlüsselloch

DIE AP FEL|SAFT|PRES SE

der Apfelsaft,   die Saftpresse

Zusammengesetzte Nomen (II)

1  Welche Verben stecken in den zusammengesetzten Nomen?

Pellkartoffel   _pellen_ _____   Backblech   _____

Knackwurst   _____   Esslöffel   _____

Rollmops   _____   Kochtopf   _____

Hackfleisch   _____   Bratpfanne   _____

Spritzgebäck   _____   Messbecher   _____

2 Bilde zusammengesetzte Nomen.

schwimmen   +   **der** Flügel   _der Schwimmflügel_

drehen   +   **die** Tür   _____

gewinnen   +   **das** Spiel   _____

drucken   +   **der** Knopf   _____

3  Verbinde, was zusammengehört. Bilde dann zusammengesetzte Nomen.

waschen •

backen •

turnen •

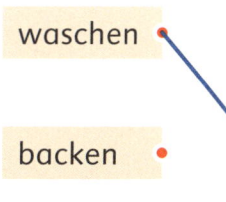

• Ofen   Blech   Rezept   Buch
Papier   Form   Stein

• Schuhe   Beutel   Halle   Hose
Verein   Übung   Stunde

• Mittel   Schüssel   Becken
Lappen   Raum   Wasser

Waschmittel, _____

_____

_____

_____

_____

Zusammengesetzte Nomen (II)

1 Welche Verben stecken in den zusammengesetzten Nomen?

Pellkartoffel — pellen

Knackwurst — knacken

Rollmops — rollen

Hackfleisch — hacken

Spritzgebäck — spritzen

Backblech — backen

Esslöffel — essen

Kochtopf — kochen

Bratpfanne — braten

Messbecher — messen

2 Bilde zusammengesetzte Nomen.

schwimmen + der Flügel — der Schwimmflügel

drehen + die Tür — die Drehtür

gewinnen + das Spiel — das Gewinnspiel

drucken + der Knopf — der Druckknopf

3 Verbinde, was zusammengehört. Bilde dann zusammengesetzte Nomen.

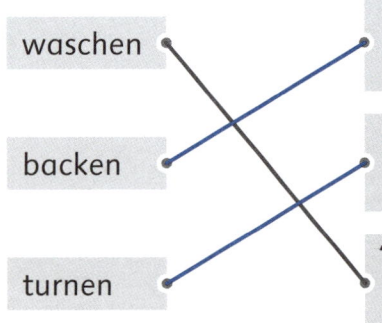

waschen

backen

turnen

Ofen   Blech   Rezept   Buch   Papier   Form   Stein

Schuhe   Beutel   Halle   Hose   Verein   Übung   Stunde

Mittel   Schüssel   Becken   Lappen   Raum   Wasser

Waschmittel, Waschschüssel, Waschbecken, Waschlappen, Waschraum, Waschwasser
Backofen, Backblech, Backrezept, Backbuch, Backpapier, Backform, Backstein
Turnschuhe, Turnbeutel, Turnhalle, Turnhose, Turnverein, Turnübung, Turnstunde

Nomen mit **-heit**, **-keit**, **-nis**, **-ung**

1 Male die Nomen mit den Wortbausteinen -heit , -keit , -nis und -ung mit verschiedenen Farben an.

Als Jan am Montagmorgen die Schule betritt, fällt ihm plötzlich
mit Schrecken ein, dass er seine Sportkleidung vergessen hat.
So eine Dummheit! Sicher wird Herr Müller seine Drohung
wahrmachen und ihn Übungsaufgaben in Mathe rechnen lassen.
Fieberhaft überlegt Jan: Soll er Übelkeit vortäuschen?
Nein, seine Eltern haben ihn doch zur Ehrlichkeit erzogen!
Es ist ja schließlich auch sein eigenes
Versäumnis. So sehr er auch nachdenkt,
es scheint keine Rettung zu geben.
Doch seine Besorgnis ist umsonst!
Mit dem Vertretungsplan in der Hand
begrüßt Frau Walter ihre Klasse.
Welche Überraschung: Herr Müller fehlt
wegen Krankheit! Die Erleichterung darüber
ist Jan ins Gesicht geschrieben.

2 Bilde Nomen.
Male -heit , -keit , -nis und -ung an.

dunkel   einsam   erleben   heizen   finster   geheim

gemütlich   zeichnen   schön   tapfer   frei   lösen

-heit   Dunkelheit, _____

-keit   _____

-nis   _____

-ung   _____

Nomen mit -heit, -keit, -nis, -ung

 **1** Male die Nomen mit den Wortbausteinen **-heit** , **-keit** , **-nis** und **-ung**
mit verschiedenen Farben an.

Als Jan am Montagmorgen die Schule betritt, fällt ihm plötzlich
mit Schrecken ein, dass er seine Sportkleidung vergessen hat.
So eine Dummheit! Sicher wird Herr Müller seine Drohung
wahrmachen und ihn Übungsaufgaben in Mathe rechnen lassen.
Fieberhaft überlegt Jan: Soll er Übelkeit vortäuschen?
Nein, seine Eltern haben ihn doch zur Ehrlichkeit erzogen!
Es ist ja schließlich auch sein eigenes
Versäumnis. So sehr er auch nachdenkt,
es scheint keine Rettung zu geben.
Doch seine Besorgnis ist umsonst!
Mit dem Vertretungsplan in der Hand
begrüßt Frau Walter ihre Klasse.
Welche Überraschung: Herr Müller fehlt
wegen Krankheit! Die Erleichterung darüber
ist Jan ins Gesicht geschrieben.

2 Bilde Nomen.
Male **-heit** , **-keit** , **-nis** und **-ung** an.

~~dunkel~~ ~~einsam~~ ~~erleben~~ ~~heizen~~ ~~finster~~ ~~geheim~~

~~gemütlich~~ ~~zeichnen~~ ~~schön~~ ~~tapfer~~ ~~frei~~ ~~lösen~~

-heit Dunkelheit, Schönheit, Freiheit

-keit Einsamkeit, Gemütlichkeit, Tapferkeit

-nis Erlebnis, Finsternis, Geheimnis

-ung Heizung, Lösung, Zeichnung

Adjektive mit -ig, -lich, -isch, -los

1 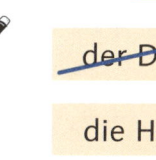 Bilde Adjektive aus den Nomen.
Male **-ig** , **-lich** , **-isch** und **-los** an.

der Dieb	der Durst	die Feier	das Gift
die Hilfe	die Komik	der Laut	der Freund
der Schutz	der Sport	der Sturm	die Trauer

-ig _____

-lich _____

-isch _diebisch,_ _____

-los _____

2 Wie heißt das Gegenteil?

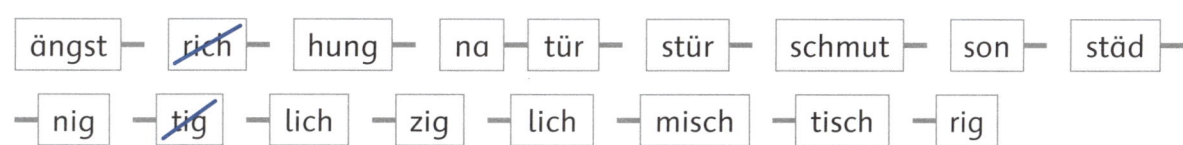

| ängst | rich | hung | na | tür | stür | schmut | son | städ |

| nig | tig | lich | zig | lich | misch | tisch | rig |

falsch _richtig_ _____ sauber _____

windstill _____ ländlich _____

satt _____ bewölkt _____

mutig _____ künstlich _____

3  **-lig** oder **-lich**?

bil **lig**　　　　　　höf

gemüt　　　　　　neb

gefähr　　　　　　runz

fröh　　　　　　ei

> Ich **verlängere**
> zuerst das Adjektiv:
> **billig –**
> viel billi**g**er als

Adjektive mit -ig, -lich, -isch, -los

1 Bilde Adjektive aus den Nomen.
Male **-ig** , **-lich** , **-isch** und **-los** an.

der Dieb	der Durst	die Feier	das Gift
die Hilfe	die Komik	der Laut	der Freund
der Schutz	der Sport	der Sturm	die Trauer

-ig durstig, giftig, traurig

-lich feierlich, sportlich, freundlich

-isch diebisch, komisch, stürmisch

-los hilflos, lautlos, schutzlos

2 Wie heißt das Gegenteil?

| ängst | rich | hung | na | tür | stür | schmut | son | städ |
| nig | tig | lich | zig | lich | misch | tisch | rig |

falsch   richtig   sauber   schmutzig

windstill   stürmisch   ländlich   städtisch

satt   hungrig   bewölkt   sonnig

mutig   ängstlich   künstlich   natürlich

3 **-lig** oder **-lich**?

bil **lig**   höf **lich**

gemüt **lich**   neb **lig**

gefähr **lich**   runz **lig**

fröh **lich**   ei **lig**

Ich **verlängere** zuerst das Adjektiv:
billig – viel billiger als

Welche Wortart?

 **1** Bilde Wörter. Verwende immer
einen Wortstamm und eine Nachsilbe.
Notiere in der letzten Spalte die Wortart.

Wort-stamm	Nach-silben	Beispiel	Wortart
~~bild~~ heil faul wohn lieb reich reiz wirk erb gründ acht lös	-en	bilden, _____ _____ _____ _____ _____ _____	_____
	-lich -ig -sam -bar	bildlich, _____ _____ _____ _____	_____
	-heit -nis -schaft -ung -tum	Bildung, _____ _____ _____ _____	_____

Welche Wortart?

1 Bilde Wörter. Verwende immer einen Wortstamm und eine Nachsilbe. Notiere in der letzten Spalte die Wortart.

Wort-stamm	Nach-silben	Beispiel	Wortart
~~bild~~ ~~heil~~ ~~faul~~ ~~wohn~~ ~~lieb~~ ~~reich~~ ~~reiz~~ ~~wirk~~ ~~erb~~ ~~gründ~~ ~~acht~~ ~~lös~~	-en	bilden, heilen, faulen, wohnen, lieben, reichen, reizen, wirken, erben, gründen, achten, lösen	Verb
	-lich -ig -sam -bar	bildlich, heilig, faulig, wohnlich, lieblich, reichlich, reizbar, wirksam, erblich, gründlich, achtsam, löslich	Adjektiv
	-heit -nis -schaft -ung -tum	Bildung, Heilung, Faulheit, Wohnung, Liebschaft, Reichtum, Reizung, Wirkung, Erbschaft, Gründung, Achtung, Lösung	Nomen

Nomen: Einzahl und Mehrzahl

> **Nomen** bezeichnen Menschen, Tiere, Pflanzen und Dinge.
> **Nomen** werden großgeschrieben.

1 Male zuerst die sechs Nomen an.
Schreibe sie mit ihrem Artikel auf.

~~der~~   die   das   der   die   das

der Garten, _____

_____

_____

HÜBSCH	GARTEN	LÄUFT
BRAV	PFERD	BERÜHMT
RODELT	BALL	TANZT
SCHWESTER	BUNT	VOM
KIND	RIECHT	BLUME

2 Bilde die Mehrzahl. Male an, was sich verändert.

 das Haus

 die Häuser _____

 die Nuss

_____

 der Hut

_____

 der Vogel

_____

 das Rad

_____

 die Tochter

_____

3 Bilde die Mehrzahl. Male an, was sich verändert.

 der Löffel

_____

 der Zoo

 _____

 der Wagen

_____

 der See

_____

Nomen: Einzahl und Mehrzahl

> **Nomen** bezeichnen Menschen, Tiere, Pflanzen und Dinge.
> **Nomen** werden großgeschrieben.

1

Male zuerst die sechs Nomen an.
Schreibe sie mit ihrem Artikel auf.

~~der~~ ~~die~~ ~~das~~ ~~der~~ ~~die~~ ~~das~~

HÜBSCH	GARTEN	LÄUFT
BRAV	PFERD	BERÜHMT
RODELT	BALL	TANZT
SCHWESTER	BUNT	VOM
KIND	RIECHT	BLUME

der Garten,   das Pferd,
der Ball,   die Schwester,
das Kind,   die Blume

2

Bilde die Mehrzahl. Male an, was sich verändert.

 das Haus
 die Häuser

 der Vogel
 die Vögel

 die Nuss
 die Nüsse

 das Rad
 die Räder

 der Hut
 die Hüte

 die Tochter
 die Töchter

3

Bilde die Mehrzahl. Male an, was sich verändert.

 der Löffel
 die Löffel

 der Wagen
 die Wagen

 der Zoo
 die Zoos

 der See
 die Seen

Nomen erkennen (I)

1

Male alle **Nomen** blau an. Unterstreiche die **Artikel**.

ES WAR EINMAL <u>EIN</u> SCHÖNER PRINZ. DAS VOLK LIEBTE
IHN SEHR. EINE BÖSE FEE ÄRGERTE SICH DARÜBER
UND VERZAUBERTE IHN. SO WURDE EIN HÄSSLICHER DRACHE
AUS IHM. NUN FÜRCHTETEN SICH DIE MENSCHEN VOR IHM
UND ER WAR SEHR ALLEIN. EINMAL ABER KAM
EIN MUTIGES MÄDCHEN VORBEI.
DER DRACHE SCHLIEF GERADE UND
DAS MÄDCHEN KÜSSTE IHN.
SOFORT VERWANDELTE SICH
DAS UNGEHEUER UND WAR WIEDER
EIN PRINZ. DAS MÄDCHEN UND DER PRINZ
WURDEN EIN GLÜCKLICHES PAAR.

2

Schreibe den Text ab.

Es war einmal

Nomen erkennen (I)

1  Male alle **Nomen** blau an. Unterstreiche die **Artikel**.

ES WAR EINMAL <u>EIN</u> SCHÖNER PRINZ. <u>DAS</u> VOLK LIEBTE
IHN SEHR. <u>EINE</u> BÖSE FEE ÄRGERTE SICH DARÜBER
UND VERZAUBERTE IHN. SO WURDE <u>EIN</u> HÄSSLICHER DRACHE
AUS IHM. NUN FÜRCHTETEN SICH <u>DIE</u> MENSCHEN VOR IHM
UND ER WAR SEHR ALLEIN. EINMAL ABER KAM
<u>EIN</u> MUTIGES MÄDCHEN VORBEI.
<u>DER</u> DRACHE SCHLIEF GERADE UND
<u>DAS</u> MÄDCHEN KÜSSTE IHN.
SOFORT VERWANDELTE SICH
<u>DAS</u> UNGEHEUER UND WAR WIEDER
<u>EIN</u> PRINZ. <u>DAS</u> MÄDCHEN UND <u>DER</u> PRINZ
WURDEN <u>EIN</u> GLÜCKLICHES PAAR.

2 Schreibe den Text ab.

Es war einmal ein schöner Prinz. Das Volk
liebte ihn sehr. Eine böse Fee ärgerte sich
darüber und verzauberte ihn. So wurde ein
hässlicher Drache aus ihm. Nun fürchteten
sich die Menschen vor ihm und er war sehr
allein. Einmal aber kam ein mutiges Mädchen
vorbei. Der Drache schlief gerade und das
Mädchen küsste ihn. Sofort verwandelte sich
das Ungeheuer und war wieder ein Prinz.
Das Mädchen und der Prinz wurden ein
glückliches Paar.

⌀ A   Lösungen

Nomen erkennen (II)

1
Übermale Wörter, in denen ein Artikel versteckt ist, gelb und die Nomen danach blau.

> Manchmal versteckt sich der Artikel in anderen Wörtern:
>
> am   – an dem   vom – von dem
> beim – bei dem   zum – zu dem
> im   – in dem   zur – zu der
> ins – in das

AM SAMSTAGABEND IST JULIAN
SEHR AUFGEREGT. SEINE TANTE
ARBEITET BEIM FERNSEHEN UND NIMMT IHN HEUTE MIT
INS SPORTSTUDIO. IM AUTO FRAGT JULIAN IMMER WIEDER
NACH DEN SPORTLERN, DIE ZUR SENDUNG ERWARTET
WERDEN. VOM PARKPLATZ AUS GEHEN SIE ZUM EINGANGS-
BEREICH. AM EINGANG SIEHT JULIAN PLÖTZLICH SEINEN
LIEBLINGSSPIELER. ER BITTET UM EIN AUTOGRAMM.
DER SPIELER SCHREIBT INS AUTOGRAMMBUCH UND LÄUFT
WEITER ZUR BÜHNE. GLÜCKLICH SETZT SICH JULIAN SPÄTER
INS FERNSEHSTUDIO UND SCHAUT BEIM INTERVIEW ZU.

2
Schreibe den Text ab.

Am Samstagabend _____

_____

_____

_____

_____

_____

_____

_____

_____

_____

Nomen erkennen (II)

1 Übermale Wörter, in denen ein Artikel versteckt ist, gelb und die Nomen danach blau.

Manchmal versteckt sich der Artikel in anderen Wörtern:

am	– an dem	vom	– von dem
beim	– bei dem	zum	– zu dem
im	– in dem	zur	– zu der
ins	– in das		

AM SAMSTAGABEND IST JULIAN SEHR AUFGEREGT. SEINE TANTE ARBEITET BEIM FERNSEHEN UND NIMMT IHN HEUTE MIT INS SPORTSTUDIO. IM AUTO FRAGT JULIAN IMMER WIEDER NACH DEN SPORTLERN, DIE ZUR SENDUNG ERWARTET WERDEN. VOM PARKPLATZ AUS GEHEN SIE ZUM EINGANGS-BEREICH. AM EINGANG SIEHT JULIAN PLÖTZLICH SEINEN LIEBLINGSSPIELER. ER BITTET UM EIN AUTOGRAMM. DER SPIELER SCHREIBT INS AUTOGRAMMBUCH UND LÄUFT WEITER ZUR BÜHNE. GLÜCKLICH SETZT SICH JULIAN SPÄTER INS FERNSEHSTUDIO UND SCHAUT BEIM INTERVIEW ZU.

2 Schreibe den Text ab.

Am Samstagabend ist Julian sehr aufgeregt. Seine Tante arbeitet beim Fernsehen und nimmt ihn heute mit ins Sportstudio. Im Auto fragt Julian immer wieder nach den Sportlern, die zur Sendung erwartet werden. Vom Parkplatz aus gehen sie zum Eingangsbereich. Am Eingang sieht Julian plötzlich seinen Lieblingsspieler. Er bittet um ein Autogramm. Der Spieler schreibt ins Autogramm-buch und läuft weiter zur Bühne. Glücklich setzt sich Julian später ins Fernsehstudio und schaut beim Interview zu.

Verben werden zu Nomen

> Manchmal werden Verben zu Nomen. Dann stehen vor den Nomen
> Zauberwörter wie **beim**, **das**, **im**, **vom** oder **zum**.

1 Verwandle die Verben in Nomen.

aufstehen

waschen

anziehen

wandern

klettern

hochziehen

ausruhen

trinken

schwimmen

tauchen

weitergehen

Gestern früh brachen meine Eltern und ich

schon sehr früh zu einer Bergwanderung auf.

Das _Aufstehen_ am Morgen fiel mir

schwer. Beim _____ und auch beim

_____ war ich noch sehr müde.

Zuerst fand ich das _____ ein bisschen

langweilig, aber später machte es immer

mehr Spaß. Im _____ bin ich gut!

Vom _____ bekomme ich bestimmt

Muskeln.

Als Mama, Papa und ich an eine schöne Stelle

kamen, setzten wir uns zum _____

auf einen Felsen. Das _____ tat gut.

Am schönsten war am Nachmittag das

_____ in einem Bergsee.

Vom _____ waren meine Haare

zuerst nass, aber beim _____

trockneten sie schnell wieder.

Verben werden zu Nomen

Manchmal werden Verben zu Nomen. Dann stehen vor den Nomen Zauberwörter wie **beim**, **das**, **im**, **vom** oder **zum**.

1  Verwandle die Verben in Nomen.

Gestern früh brachen meine Eltern und ich

schon sehr früh zu einer Bergwanderung auf.

aufstehen

Das _Aufstehen_ am Morgen fiel mir

waschen

schwer. Beim _Waschen_ und auch beim

anziehen

Anziehen war ich noch sehr müde.

wandern

Zuerst fand ich das _Wandern_ ein bisschen

langweilig, aber später machte es immer

klettern

mehr Spaß. Im _Klettern_ bin ich gut!

hochziehen

Vom _Hochziehen_ bekomme ich bestimmt

Muskeln.

Als Mama, Papa und ich an eine schöne Stelle

ausruhen

kamen, setzten wir uns zum _Ausruhen_

trinken

auf einen Felsen. Das _Trinken_ tat gut.

Am schönsten war am Nachmittag das

schwimmen

Schwimmen in einem Bergsee.

tauchen

Vom _Tauchen_ waren meine Haare

weitergehen

zuerst nass, aber beim _Weitergehen_

trockneten sie schnell wieder.

Großschreibung von Anredepronomen

1  Die Klasse 4 a hat ihre frühere Mitschülerin, Lea, zum Abschlussfest eingeladen.
Male im Brief die **Anredepronomen** (du, dir, dich, dein …) an.

> Liebe Lea,
>
> wir laden dich herzlich zu unserem Abschlussfest ein. Es soll am
> 20. Juli um 15.00 Uhr beginnen. Wir haben eine Theateraufführung
> geplant, mit der wir dich erfreuen möchten. Frau Maier wird dir
> Fotos aus den vergangenen Schuljahren zeigen. Es wäre schön,
> wenn du einen Salat mitbringen könntest.
> Wir freuen uns sehr auf dein Kommen.
>
> Viele Grüße von deiner Klasse 4 a

2  Auch Herr Huber, der frühere Lehrer,
soll eingeladen werden.
Er soll einen Kuchen mitbringen.
Schreibe die Einladung.

> Die höflichen **Anredepronomen**
> (Sie, Ihnen, Ihre …) schreibt man
> in Briefen immer groß.

Lieber _____

_____

_____

_____

_____

_____

_____

_____

Großschreibung von Anredepronomen

1 Die Klasse 4a hat ihre frühere Mitschülerin, Lea, zum Abschlussfest eingeladen. Male im Brief die **Anredepronomen** (du, dir, dich, dein …) an.

> Liebe Lea,
>
> wir laden dich herzlich zu unserem Abschlussfest ein. Es soll am 20. Juli um 15.00 Uhr beginnen. Wir haben eine Theateraufführung geplant, mit der wir dich erfreuen möchten. Frau Maier wird dir Fotos aus den vergangenen Schuljahren zeigen. Es wäre schön, wenn du einen Salat mitbringen könntest.
> Wir freuen uns sehr auf dein Kommen.
>
> Viele Grüße von deiner Klasse 4a

2 Auch Herr Huber, der frühere Lehrer, soll eingeladen werden. Er soll einen Kuchen mitbringen. Schreibe die Einladung.

> Die höflichen **Anredepronomen** (Sie, Ihnen, Ihre …) schreibt man in Briefen immer groß.

Lieber Herr Huber,
wir laden Sie herzlich zu unserem Abschluss-
fest ein. Es soll am 20. Juli um 15.00 Uhr
beginnen. Wir haben eine Theateraufführung
geplant, mit der wir Sie erfreuen möchten.
Frau Maier wird Ihnen Fotos aus den ver-
gangenen Schuljahren zeigen. Es wäre schön,
wenn Sie einen Kuchen mitbringen könnten.
Wir freuen uns sehr auf Ihr Kommen.
Viele Grüße von Ihrer Klasse 4a

Satz- und Satzschlusszeichen (I)

1 Lies den Text.
Ergänze die fehlenden
Satzzeichen (**.** oder **?**).

Nach einem **Aussagesatz** steht ein **Punkt**.
Nach einem **Fragesatz** steht ein **Fragezeichen**.

HEUTE DARF NIKLAS BEI TOM ÜBERNACHTEN

ER SCHAUT SICH IN SEINEM ZIMMER UM

WAS MUSS ER ZU TOM MITNEHMEN

ZUERST PACKT ER SEINEN SCHLAFANZUG EIN

SOLL ER SEINEN TEDDY AUCH EINPACKEN

ODER IST DAS VIELLEICHT ZU PEINLICH

OB TOM WOHL AUCH MIT EINEM KUSCHELTIER

EINSCHLÄFT   NIKLAS ÜBERLEGT KURZ

DANN GIBT ER SEINEM BÄREN EINEN KUSS

UND LEGT IHN GANZ OBEN IN DIE TASCHE

2 Schreibe den Text ab.

Heute darf

Satz- und Satzschlusszeichen (I)

1 Lies den Text.
Ergänze die fehlenden
Satzzeichen (. oder ?).

> Nach einem **Aussagesatz** steht ein **Punkt**.
> Nach einem **Fragesatz** steht ein **Fragezeichen**.

HEUTE DARF NIKLAS BEI TOM ÜBERNACHTEN .

ER SCHAUT SICH IN SEINEM ZIMMER UM .

WAS MUSS ER ZU TOM MITNEHMEN ?

ZUERST PACKT ER SEINEN SCHLAFANZUG EIN .

SOLL ER SEINEN TEDDY AUCH EINPACKEN ?

ODER IST DAS VIELLEICHT ZU PEINLICH ?

OB TOM WOHL AUCH MIT EINEM KUSCHELTIER

EINSCHLÄFT ? NIKLAS ÜBERLEGT KURZ .

DANN GIBT ER SEINEM BÄREN EINEN KUSS

UND LEGT IHN GANZ OBEN IN DIE TASCHE .

2 Schreibe den Text ab.

Heute darf Niklas bei Tom übernachten.

Er schaut sich in seinem Zimmer um.

Was muss er zu Tom mitnehmen?

Zuerst packt er seinen Schlafanzug ein.

Soll er seinen Teddy auch einpacken?

Oder ist das vielleicht zu peinlich?

Ob Tom wohl auch mit einem Kuscheltier

einschläft? Niklas überlegt kurz.

Dann gibt er seinem Bären einen Kuss

und legt ihn ganz oben in die Tasche.

Satz- und Satzschlusszeichen (II)

1 Wer sagt was? Ergänze die fehlenden Satzzeichen (**.** , **!** , **?**). Schreibe die Sätze in die passenden Sprechblasen.

> Nach einem **Aufforderungssatz** oder einem **Ausruf** steht ein **Ausrufezeichen**.

Was bedeutet das Schild   Ich nehme das blaue Fahrrad

Los, schneller   Pass doch auf   Hast du dir wehgetan

Satz- und Satzschlusszeichen (II)

 **1** Wer sagt was? Ergänze die fehlenden Satzzeichen (**.** , **!** , **?**). Schreibe die Sätze in die passenden Sprechblasen.

> Nach einem **Aufforderungssatz** oder einem **Ausruf** steht ein **Ausrufezeichen**.

Was bedeutet das Schild **?**   Ich nehme das blaue Fahrrad **.**

Los, schneller **!**   Pass doch auf **!**   Hast du dir wehgetan **?**

Was bedeutet das Schild?

Ich nehme das blaue Fahrrad.

Los, schneller!

Pass doch auf!

Hast du dir wehgetan?

Wörtliche Rede (I)

1 Lies den Text. Unterstreiche alles, was gesprochen wird, blau.

Paul und Anna spielen im Hof Fußball.

Paul schreit: „Jetzt zeige ich dir mal

einen Schuss!" Leider landet der Ball in Frau Bergs Fenster-

scheibe. Sofort kommt sie heraus und brüllt: „Wer war das?"

Paul stammelt leise: „Ich, aber das war doch nicht mit Absicht."

Frau Berg brummt wütend: „Das Fenster wirst du ersetzen."

Anna sagt: „Wir gehen jetzt zusammen zu Pauls Eltern und

erzählen, was passiert ist."

> Was wörtlich gesprochen wird, heißt **wörtliche Rede**.
> Die wörtliche Rede steht in **Anführungszeichen (Redezeichen)**.

2 Schreibe das Gespräch auf.
Vergiss die Anführungszeichen (Redezeichen) nicht.

 „Jetzt _____

 _____

 _____

_____

 _____

 _____

_____

_____

Wörtliche Rede (I)

 Lies den Text. Unterstreiche alles,
was gesprochen wird, blau.

Paul und Anna spielen im Hof Fußball.

Paul schreit: „Jetzt zeige ich dir mal

einen Schuss!" Leider landet der Ball in Frau Bergs Fenster-

scheibe. Sofort kommt sie heraus und brüllt: „Wer war das?"

Paul stammelt leise: „Ich, aber das war doch nicht mit Absicht."

Frau Berg brummt wütend: „Das Fenster wirst du ersetzen."

Anna sagt: „Wir gehen jetzt zusammen zu Pauls Eltern und

erzählen, was passiert ist."

> Was wörtlich gesprochen wird, heißt **wörtliche Rede**.
> Die wörtliche Rede steht in **Anführungszeichen (Redezeichen)**.

 Schreibe das Gespräch auf.
Vergiss die Anführungszeichen (Redezeichen) nicht.

 „Jetzt zeige ich dir mal einen Schuss!"

 „Wer war das?"

 „Ich, aber das war doch
nicht mit Absicht."

 „Das Fenster wirst du ersetzen."

 „Wir gehen jetzt zusammen
zu Pauls Eltern und erzählen,
was passiert ist."

Wörtliche Rede (II)

> Der **Redebegleitsatz** gibt an, wer spricht.
>
> Max sagt: „Ich schlafe noch nicht."
>
> Redebegleitsatz Wörtliche Rede

1 Lies den Text.

2 Unterstreiche die Redebegleitsätze rot und die wörtliche Rede blau.

Max lauschte an der Tür.

Er hörte Luis flüstern

Hast du die weißen Mäuse dabei

Dilek antwortete beleidigt

Natürlich, für wie blöd hältst du mich

Luis kicherte   Das wird ein Riesenspaß

Dilek zischte   Sei leise, sonst wacht Max noch auf

Luis fragte   Wo legen wir die Tierchen hin,

damit der kleine Angsthase sie auch sicher sieht

Dilek erklärte   Ist doch klar,

direkt hinter die Tür

In diesem Augenblick

riss Max die Tür auf und brüllte

wie ein Löwe   Uaaah

3 Ergänze die fehlenden Anführungszeichen (Redezeichen): „ " .

4 Setze die fehlenden Satzzeichen  in die Kästchen.

Wörtliche Rede (II)

1 Lies den Text.

2 Unterstreiche die Redebegleitsätze rot und die wörtliche Rede blau.

Max lauschte an der Tür.

Er hörte Luis flüstern :

„ Hast du die weißen Mäuse dabei ? "

Dilek antwortete beleidigt :

„ Natürlich, für wie blöd hältst du mich ! "

Luis kicherte : „ Das wird ein Riesenspaß . "

Dilek zischte : „ Sei leise, sonst wacht Max noch auf ! "

Luis fragte : „ Wo legen wir die Tierchen hin,

damit der kleine Angsthase sie auch sicher sieht ? "

Dilek erklärte : „ Ist doch klar,

direkt hinter die Tür . "

In diesem Augenblick

riss Max die Tür auf und brüllte

wie ein Löwe : „ Uaaah ! "

3 Ergänze die fehlenden Anführungszeichen (Redezeichen): „ " .

4 Setze die fehlenden Satzzeichen : , . , ! , ? in die Kästchen.

Wörtliche Rede (III)

1 Unterstreiche die Redebegleitsätze rot
und die wörtliche Rede blau. Ergänze die fehlenden
Anführungszeichen (Redezeichen): „ " .

a) Mama fragt   Warum schaust du denn so böse

b) Alina schimpft   Immer muss ich den Tisch decken

c) Jonas ruft

Stimmt ja gar nicht,

gestern habe ich

den Tisch gedeckt

2 Setze die fehlenden Satzzeichen : , . , ! , ? in die Kästchen.

> Der **Redebegleitsatz** kann auch
> **nach** der wörtlichen Rede stehen.
>
> „Fährst du mit?",   fragt Marie.
> „Ja, sehr gern",   antwortet Ben.
> „Dann komm!",   ruft Marie.
>
> Wörtliche Rede   Redebegleitsatz

3  Schreibe die Sätze aus Aufgabe 1
nun mit **nachgestelltem Redebegleitsatz**.

a) _____

_____

b) _____

_____

c) _____

_____

Wörtliche Rede (III)

 1 Unterstreiche die Redebegleitsätze rot
und die wörtliche Rede blau. Ergänze die fehlenden
Anführungszeichen (Redezeichen): „ " .

a) <u>Mama fragt</u> : „ <u>Warum schaust du denn so böse</u> ? "

b) <u>Alina schimpft</u> : „ <u>Immer muss ich den Tisch decken</u> . "

c) <u>Jonas ruft</u> :

<u>„ Stimmt ja gar nicht,</u>

<u>gestern habe ich</u>

<u>den Tisch gedeckt</u> ! "

 **2** Setze die fehlenden Satzzeichen : , . , ! , ? in die Kästchen.

┌┄┄┄┄┄┄┄┄┄┄┄┄┄┄┄┄┄┄┄┄┄┄┄┄┐
Der **Redebegleitsatz** kann auch
nach der wörtlichen Rede stehen.

„Fährst du mit?",   fragt Marie.
„Ja, sehr gern",   antwortet Ben.
„Dann komm!",   ruft Marie.

Wörtliche Rede   Redebegleitsatz
└┄┄┄┄┄┄┄┄┄┄┄┄┄┄┄┄┄┄┄┄┄┄┄┄┘

 **3** Schreibe die Sätze aus Aufgabe 1
nun mit **nachgestelltem Redebegleitsatz**.

a) <u>„Warum schaust du denn so böse?",</u>
<u>fragt Mama.</u>

b) <u>„Immer muss ich den Tisch decken",</u>
<u>schimpft Alina.</u>

c) <u>„Stimmt ja gar nicht, gestern habe ich</u>
<u>den Tisch gedeckt!", ruft Jonas.</u>

Wörtliche Rede (IV)

> Der **Redebegleitsatz** kann auch
> **zwischen** der wörtlichen Rede stehen.
>
> „Heute",   sagt Simon,   „gibt es Ravioli."
> „Prima",   ruft Katharina,   „mein Lieblingsessen!"
>
> Wörtliche Rede   Redebegleitsatz   Wörtliche Rede

 **1** Unterstreiche die Redebegleitsätze rot
und die wörtliche Rede blau. Ergänze die fehlenden
Anführungszeichen (Redezeichen): „ " .

Macht auf   , rief der Wolf,   ich bin es, eure Mutter!

Nein   , antworteten die Geißlein,   wir glauben dir nicht.

Seht doch   , drängte der Wolf,   meine weißen Pfoten.

 **2** Unterstreiche die Redebegleitsätze rot
und die wörtliche Rede blau. Ergänze die fehlenden
Anführungszeichen (Redezeichen): „ " .

Karla fragt   Leihst du mir

deinen Radiergummi

Nicht schon wieder

schimpft Leon   du hast ihn

gestern erst genommen

Bitte   jammert Karla

Gut   gibt Leon nach

aber das war das letzte Mal

Karla lacht   Danke, Leon

 **3** Setze die fehlenden Satzzeichen : , . , ! , ? , , in die Kästchen.

Wörtliche Rede (IV)

> Der **Redebegleitsatz** kann auch **zwischen** der wörtlichen Rede stehen.
>
> „Heute", sagt Simon, „gibt es Ravioli."
> „Prima", ruft Katharina, „mein Lieblingsessen!"
>
> Wörtliche Rede   Redebegleitsatz   Wörtliche Rede

 Unterstreiche die Redebegleitsätze rot und die wörtliche Rede blau. Ergänze die fehlenden Anführungszeichen (Redezeichen): „ " .

„ Macht auf ", rief der Wolf, „ ich bin es, eure Mutter!

„ Nein ", antworteten die Geißlein, „ wir glauben dir nicht. "

„ Seht doch ", drängte der Wolf, „ meine weißen Pfoten. "

 Unterstreiche die Redebegleitsätze rot und die wörtliche Rede blau. Ergänze die fehlenden Anführungszeichen (Redezeichen): „ " .

Karla fragt : „ Leihst du mir deinen Radiergummi ? "

„ Nicht schon wieder ", schimpft Leon , „ du hast ihn gestern erst genommen . "

„ Bitte ! ", jammert Karla .

„ Gut ", gibt Leon nach ,

„ aber das war das letzte Mal . "

Karla lacht : „ Danke, Leon . "

 Setze die fehlenden Satzzeichen : , . , ! , ? , , in die Kästchen.

Kleine Merkwörter

Manche Wörter kannst du nicht **verlängern** oder **ableiten**.
Diese Wörter heißen **Merkwörter**.
Du musst dir **merken**, wie sie geschrieben werden.

nämlich   nirgends   ~~seid~~

sind   weg   bereits

die Eltern   hübsch   spät

irgendwo   das Mädchen

das Märchen

1 Lies den Text. Male die **Merkwörter** an.

„Wann seid ihr wieder da?", fragt Lara ihre Eltern am Abend.

„Wir sind sicher erst spät zurück", antwortet Laras Papa,

„wenn wir kommen, wirst du bereits schlafen."

„Ich lese dir nachher ein hübsches, kleines Märchen vor",

sagt Tante Anne und streichelt dem Mädchen über den Kopf.

Jetzt ruft Mama aus dem Flur: „Hat jemand irgendwo

meine roten Sandalen gesehen? Sie sind

nämlich weg, ich kann sie nirgends finden."

2 Schreibe den Text ab.

_____

_____

_____

_____

_____

_____

_____

_____

Kleine Merkwörter

Manche Wörter kannst du nicht **verlängern** oder **ableiten**.
Diese Wörter heißen **Merkwörter**.
Du musst dir **merken**, wie sie geschrieben werden.

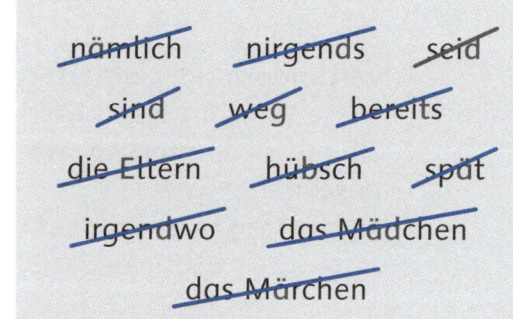

~~nämlich~~ ~~nirgends~~ ~~seid~~
~~sind~~ ~~weg~~ ~~bereits~~
~~die Eltern~~ ~~hübsch~~ ~~spät~~
~~irgendwo~~ ~~das Mädchen~~
~~das Märchen~~

1 Lies den Text. Male die **Merkwörter** an.

„Wann seid ihr wieder da?", fragt Lara ihre Eltern am Abend.
„Wir sind sicher erst spät zurück", antwortet Laras Papa,
„wenn wir kommen, wirst du bereits schlafen."
„Ich lese dir nachher ein hübsches, kleines Märchen vor",
sagt Tante Anne und streichelt dem Mädchen über den Kopf.
Jetzt ruft Mama aus dem Flur: „Hat jemand irgendwo
meine roten Sandalen gesehen? Sie sind
nämlich weg, ich kann sie nirgends finden."

2 Schreibe den Text ab.

_„Wann seid ihr wieder da?", fragt Lara ihre
Eltern am Abend. „Wir sind sicher erst spät
zurück", antwortet Laras Papa, „wenn wir
kommen, wirst du bereits schlafen." „Ich lese
dir nachher ein hübsches, kleines Märchen vor",
sagt Tante Anne und streichelt dem Mädchen
über den Kopf. Jetzt ruft Mama aus dem
Flur: „Hat jemand irgendwo meine roten
Sandalen gesehen? Sie sind nämlich weg,
ich kann sie nirgends finden."_

Merkwörter mit **chs**

1   Verbinde die passenden Satzteile.

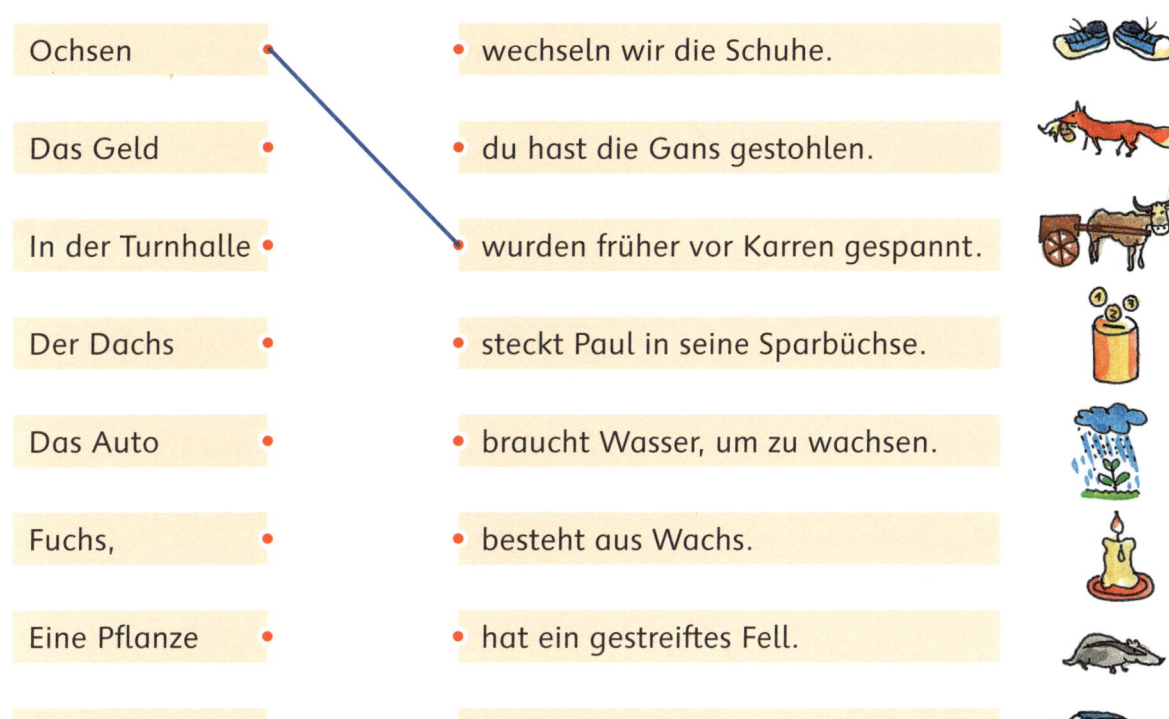

Ochsen	wechseln wir die Schuhe.
Das Geld	du hast die Gans gestohlen.
In der Turnhalle	wurden früher vor Karren gespannt.
Der Dachs	steckt Paul in seine Sparbüchse.
Das Auto	braucht Wasser, um zu wachsen.
Fuchs,	besteht aus Wachs.
Eine Pflanze	hat ein gestreiftes Fell.
Eine Kerze	hat zwei Achsen.

2 Schreibe die Sätze ab.
 Male in den Merkwörtern **chs** an.

_____

_____

_____

_____

_____

_____

_____

_____

Merkwörter mit chs

1 Verbinde die passenden Satzteile.

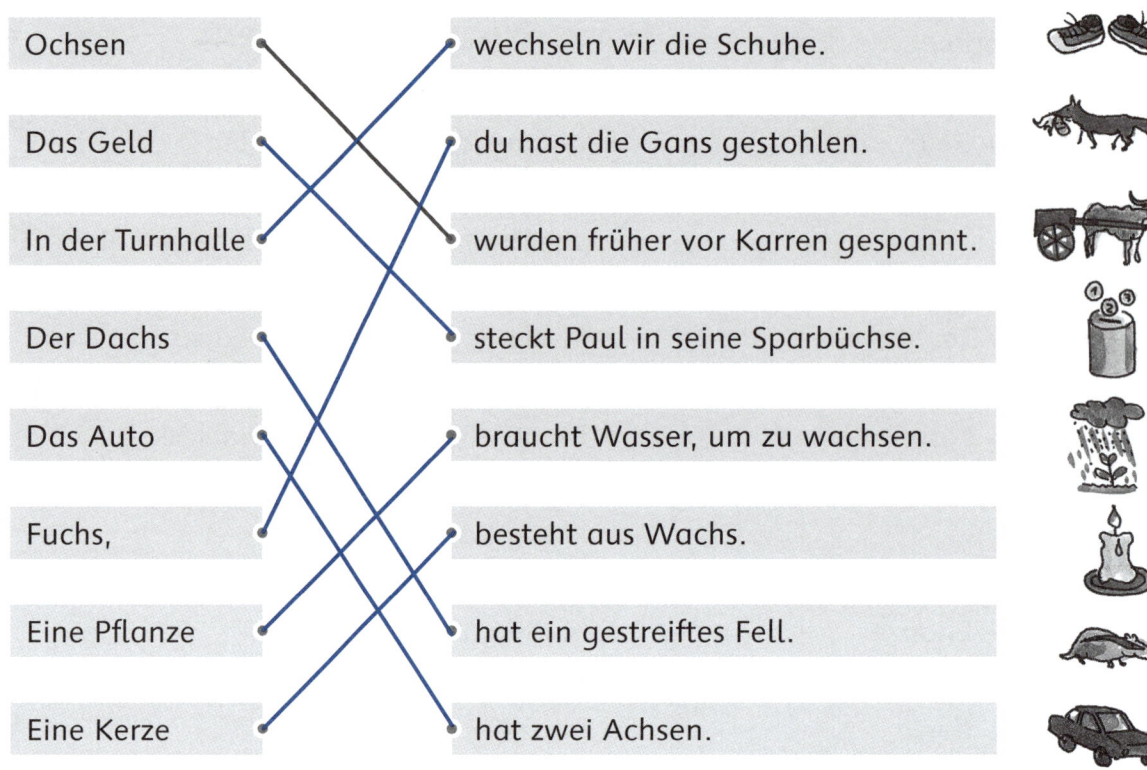

Ochsen	wechseln wir die Schuhe.
Das Geld	du hast die Gans gestohlen.
In der Turnhalle	wurden früher vor Karren gespannt.
Der Dachs	steckt Paul in seine Sparbüchse.
Das Auto	braucht Wasser, um zu wachsen.
Fuchs,	besteht aus Wachs.
Eine Pflanze	hat ein gestreiftes Fell.
Eine Kerze	hat zwei Achsen.

2 Schreibe die Sätze ab.
Male in den Merkwörtern **chs** an.

Ochsen wurden früher vor Karren gespannt.

Das Geld steckt Paul in seine Sparbüchse.

In der Turnhalle wechseln wir die Schuhe.

Der Dachs hat ein gestreiftes Fell.

Das Auto hat zwei Achsen.

Fuchs, du hast die Gans gestohlen.

Eine Pflanze braucht Wasser, um zu wachsen.

Eine Kerze besteht aus Wachs.

Merkwörter mit V/v

1 Lies den Text. Male alle Wörter mit **V** oder **v** an.

Leon und Timo fahren
mit ihren Eltern für vierzehn Tage
nach Italien. Die Autofahrt
dauert lange. Kurz vor Neapel
wird der Vater der Jungen etwas nervös.
Als sie um eine scharfe Kurve fahren,
fragt er von vorn, ob hinten im Auto
auch alle brav angeschnallt sind.
„Natürlich", versichern Leon und Timo.
„Hoffentlich sind wir bald da", seufzt Timo.
Er freut sich am meisten auf den weltberühmten Vesuv.
Das ist ein Vulkan. Timo hat sich zu Hause schon
ein Video über den 1277 Meter hohen Berg angeschaut.
Leon freut sich eher auf das Meer und auf das Vanilleeis,
das in Italien besonders gut schmecken soll.

Achtung:
Eines der Wörter
musst du zweimal
aufschreiben!

2 Sortiere die Wörter mit **V** / **v**.

8 Wörter, in denen **V** / **v** wie **f** klingt:

_____

_____

6 Wörter, in denen **V** / **v** wie **w** klingt:

_____

_____

Merkwörter mit V/v

1 Lies den Text. Male alle Wörter mit **V** oder **v** an.

Leon und Timo fahren
mit ihren Eltern für <mark>vierzehn</mark> Tage
nach Italien. Die Autofahrt
dauert lange. Kurz <mark>vor</mark> Neapel
wird der <mark>Vater</mark> der Jungen etwas <mark>nervös</mark>.
Als sie um eine scharfe <mark>Kurve</mark> fahren,
fragt er <mark>von vorn</mark>, ob hinten im Auto
auch alle <mark>brav</mark> angeschnallt sind.
„Natürlich", <mark>versichern</mark> Leon und Timo.
„Hoffentlich sind wir bald da", seufzt Timo.
Er freut sich am meisten auf den weltberühmten <mark>Vesuv</mark>.
Das ist ein <mark>Vulkan</mark>. Timo hat sich zu Hause schon
ein <mark>Video</mark> über den 1277 Meter hohen Berg angeschaut.
Leon freut sich eher auf das Meer und auf das <mark>Vanilleeis</mark>,
das in Italien besonders gut schmecken soll.

Achtung:
Eines der Wörter
musst du zweimal
aufschreiben!

2 Sortiere die Wörter mit **V** / **v** .

8 Wörter, in denen **V** / **v** wie **f** klingt:

vierzehn,   vor,   Vater,   von,
vorn,   brav,   versichern,   Vesuv

6 Wörter, in denen **V** / **v** wie **w** klingt:

nervös,   Kurve,   Vesuv,
Vulkan,   Video,   Vanilleeis

Merkwörter mit **aa, ee, oo**

1  Male **aa**, **ee** und **oo** in den Merkwörtern an.

Im Land der Fee Goldhaar gibt es viele besondere Dinge.
Im großen Garten, der das schneeweiße Schloss umgibt,
liegt ein kleiner See mit einem goldglänzenden Ruderboot.
Am Ufer leuchtet grünes Sternenmoos. Wohlschmeckende
rote Erdbeeren wachsen in zahlreichen Beeten. Sind sie reif,
pflückt Fee Goldhaar gern ein paar Früchte.
Dann lädt sie ihre Freundinnen
auf ein Stück Erdbeerkuchen
und eine Tasse duftenden Tee
zu sich in den großen Schlosssaal ein.

2 Schreibe die Wörter mit **aa**, **ee** und **oo** heraus.

aa _____

ee _____

_____

oo _____

3  Löse das Rätsel. Setze Wörter mit **aa**, **ee** und **oo** ein.

Ein Gerät, mit dem man wiegt, heißt _____.

Ein Ort, an dem besonders viele Tiere leben: _____

Ein anderes Wort für Ozean ist _____.

Ein Glas, das nicht voll ist, ist _____.

Ein langer, dünner Fisch heißt _____.

Ein plötzlicher Einfall heißt auch _____.

Merkwörter mit **aa**, **ee**, **oo**

1 Male **aa**, **ee** und **oo** in den Merkwörtern an.

Im Land der F**ee** Goldh**aa**r gibt es viele besondere Dinge.
Im großen Garten, der das schn**ee**weiße Schloss umgibt,
liegt ein kleiner S**ee** mit einem goldglänzenden Ruderb**oo**t.
Am Ufer leuchtet grünes Sternenm**oo**s. Wohlschmeckende
rote Erdb**ee**ren wachsen in zahlreichen B**ee**ten. Sind sie reif,
pflückt F**ee** Goldh**aa**r gern ein p**aa**r Früchte.
Dann lädt sie ihre Freundinnen
auf ein Stück Erdb**ee**rkuchen
und eine Tasse duftenden T**ee**
zu sich in den großen Schloss**aa**l ein.

2 Schreibe die Wörter mit **aa**, **ee** und **oo** heraus.

aa Goldhaar, paar, Schlosssaal

ee Fee, schneeweiße, See, Erdbeeren,
Beeten, Erdbeerkuchen, Tee

oo Ruderboot, Sternenmoos

3 Löse das Rätsel. Setze Wörter mit **aa**, **ee** und **oo** ein.

Ein Gerät, mit dem man wiegt, heißt ___Waage___ .

Ein Ort, an dem besonders viele Tiere leben: ___Zoo___

Ein anderes Wort für Ozean ist ___Meer___ .

Ein Glas, das nicht voll ist, ist ___leer___ .

Ein langer, dünner Fisch heißt ___Aal___ .

Ein plötzlicher Einfall heißt auch ___Idee___ .

Merkwörter mit h

1 Welche Verben wohnen im Silbenhotel? Male das **h** an.

füh	wäh		boh	zäh	feh
neh	fah		woh	keh	gäh
len	nen		len	men	ren
len	nen		ren	len	ren

fühlen, _____

_____

_____

2 Ergänze passende Wörter aus Aufgabe 1.

Morgen _____ wir unseren Klassensprecher.

Die Handwerker _____ Löcher in die Wände.

Vor dem Einkaufen _____ wir unser Geld.

Mia und Tom _____ mit dem Kettenkarussell.

Wenn Jonas gähnt, muss ich

meist auch _____.

Unsere neue Luftmatratze

_____ wir mit ins Wasser.

Nach dem Unterricht _____ wir unsere Klasse,

wischen die Tafel und gießen die Blumen.

Merkwörter mit h

1 Welche Verben wohnen im Silbenhotel? Male das **h** an.

füh	wäh		boh	zäh	feh
neh	fah	**HOTEL**	woh	keh	gäh
len	nen		len	men	ren
len	nen		ren	len	ren

fühlen, wählen, bohren, zählen,

fehlen, nehmen, fahren, wohnen,

kehren, gähnen

2 Ergänze passende Wörter aus Aufgabe 1.

Morgen __wählen__ wir unseren Klassensprecher.

Die Handwerker __bohren__ Löcher in die Wände.

Vor dem Einkaufen __zählen__ wir unser Geld.

Mia und Tom __fahren__ mit dem Kettenkarussell.

Wenn Jonas gähnt, muss ich

meist auch __gähnen__ .

Unsere neue Luftmatratze

__nehmen__ wir mit ins Wasser.

Nach dem Unterricht __kehren__ wir unsere Klasse,

wischen die Tafel und gießen die Blumen.

Merkwörter mit lang gesprochenem i

1 Bilde zusammengesetzte Nomen. Male immer das **lang gesprochene i** an.

| Vampir | Fabrik | Zitronen | Krokodil |

| ~~Biber~~ | Lokomotive | Apfelsinen | Tiger |

 + Bau __der Biberbau_____

 + Fell __das_____

 + Schale __die_____

Sumpf +  __das_____

Möbel +  __die_____

Dampf +  __die_____

 + Umhang __der_____

 + Saft __der_____

2 Setze **mir**, **dir** oder **wir** ein. Male immer das **lang gesprochene i** an.

Zum Geburtstag backe ich __dir_____ einen Kuchen.

Das Buch gehört _____, mein Name steht darin.

Wann wollen _____ uns treffen?

Spielst du heute mit _____ Fußball?

Nimm _____ ruhig noch ein paar Kekse,

wenn sie _____ so gut schmecken.

Zeigst du _____ deine neue Hose,

die du _____ gekauft hast?

Am Freitag werden _____ zusammen ins Kino gehen.

Merkwörter mit lang gesprochenem i

1 Bilde zusammengesetzte Nomen. Male immer das **lang gesprochene i** an.

~~Vampir~~   ~~Fabrik~~   ~~Zitronen~~   ~~Krokodil~~

~~Biber~~   ~~Lokomotive~~   ~~Apfelsinen~~   ~~Tiger~~

🦫	+	Bau	der B**i**berbau
🐅	+	Fell	das T**i**gerfell
🍊	+	Schale	die Apfels**i**nenschale
Sumpf	+	🐊	das Sumpfkrokod**i**l
Möbel	+	🏭	die Möbelfabr**i**k
Dampf	+	🚂	die Dampflokomot**i**ve
🧛	+	Umhang	der Vamp**i**rumhang
🍋🍋	+	Saft	der Z**i**tronensaft

2 Setze **mir**, **dir** oder **wir** ein. Male immer das **lang gesprochene i** an.

Zum Geburtstag backe ich __d**i**r__ einen Kuchen.

Das Buch gehört __m**i**r__, mein Name steht darin.

Wann wollen __w**i**r__ uns treffen?

Spielst du heute mit __m**i**r__ Fußball?

Nimm __d**i**r__ ruhig noch ein paar Kekse,

wenn sie __d**i**r__ so gut schmecken.

Zeigst du __m**i**r__ deine neue Hose,

die du __d**i**r__ gekauft hast?

Am Freitag werden __w**i**r__ zusammen ins Kino gehen.

Merkwörter mit **ih**

1 Ergänze die fehlenden Wörter. Male immer **ih** an.

| ihm | ihm | ihm | ~~ihn~~ | ihnen | ihr |
| ihre | ihren | ihrem | ihrem | ihrer |

Heute hat Jan Geburtstag. Morgen feiert er. Eben hat Paula

ihn _____ angerufen und _____ gratuliert. Jan hat

_____ erzählt, dass seine Oma _____ neue Pinsel

und Farben geschenkt hat. Jan malt nämlich gern mit Ölfarben.

Paula hat _____ Eltern davon erzählt. Gemeinsam

mit _____ hat sie überlegt, wie sie _____ Freund

eine Freude machen kann. Sie bespricht _____ Idee

mit _____ Mutter und _____ Vater. Sie möchte

Jan gern ein Buch über Ölmalerei schenken.

Ob _____ so ein Buch wohl gefallen würde?

2 Ergänze **ihm** oder **ihn**. Male immer **ih** an.

Jan feiert seinen Geburtstag. Fast alle seine Freunde

besuchen _____. Nur Sara hat _____ angerufen

und _____ gesagt, dass sie nicht kommen kann,

weil sie krank ist. Die anderen Kinder

haben _____ Geschenke mitgebracht.

Am besten gefällt _____

das Buch über Ölmalerei,

das _____ Paula geschenkt hat.

Merkwörter mit ih

1 Ergänze die fehlenden Wörter. Male immer **ih** an.

~~ihm~~	~~ihm~~	~~ihm~~	~~ihn~~	~~ihnen~~	~~ihr~~
~~ihre~~	~~ihren~~	~~ihrem~~	~~ihrem~~	~~ihrer~~	

Heute hat Jan Geburtstag. Morgen feiert er. Eben hat Paula

__ihn__ angerufen und __ihm__ gratuliert. Jan hat

__ihr__ erzählt, dass seine Oma __ihm__ neue Pinsel

und Farben geschenkt hat. Jan malt nämlich gern mit Ölfarben.

Paula hat __ihren__ Eltern davon erzählt. Gemeinsam

mit __ihnen__ hat sie überlegt, wie sie __ihrem__ Freund

eine Freude machen kann. Sie bespricht __ihre__ Idee

mit __ihrer__ Mutter und __ihrem__ Vater. Sie möchte

Jan gern ein Buch über Ölmalerei schenken.

Ob __ihm__ so ein Buch wohl gefallen würde?

2 Ergänze **ihm** oder **ihn**. Male immer **ih** an.

Jan feiert seinen Geburtstag. Fast alle seine Freunde

besuchen __ihn__. Nur Sara hat __ihn__ angerufen

und __ihm__ gesagt, dass sie nicht kommen kann,

weil sie krank ist. Die anderen Kinder

haben __ihm__ Geschenke mitgebracht.

Am besten gefällt __ihm__

das Buch über Ölmalerei,

das __ihm__ Paula geschenkt hat.

Merkwörter mit ß

1 Male die Wörter mit **ß** an.

Endlich ist wieder Frühling.

Finn und Max **genießen**

das schöne Wetter.

Besonders großen Spaß macht es ihnen,

wieder draußen Fußball zu spielen.

Zum Sportplatz ist es nicht weit, sie müssen bloß

eine einzige Straße überqueren. Vor dem Spiel

begrüßen sie den Trainer. Max und Lukas machen den Anstoß.

Das Spiel verläuft spannend. Nach einer Flanke von links außen

schießt Finn erst kurz vor dem Abpfiff das einzige Tor.

2 Schreibe die Wörter mit **ß** aus Aufgabe 1 auf. Male **ß** an.

genießen, _____

_____

_____

3 Reime.

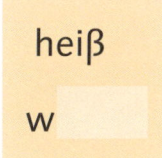

heiß	fleißig	der Fuß
w	dr	der Gr

der Stoß	beißen	schießen
gr	r	fl
das Fl	h	g
der Kl	schm	schl

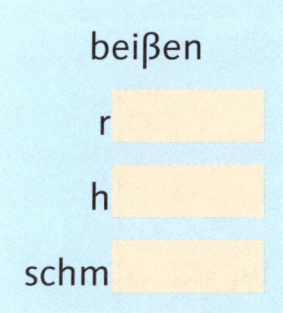
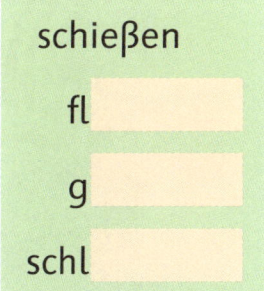

Merkwörter mit ß

1 Male die Wörter mit ß an.

Endlich ist wieder Frühling.
Finn und Max genießen
das schöne Wetter.
Besonders großen Spaß macht es ihnen,
wieder draußen Fußball zu spielen.
Zum Sportplatz ist es nicht weit, sie müssen bloß
eine einzige Straße überqueren. Vor dem Spiel
begrüßen sie den Trainer. Max und Lukas machen den Anstoß.
Das Spiel verläuft spannend. Nach einer Flanke von links außen
schießt Finn erst kurz vor dem Abpfiff das einzige Tor.

2 Schreibe die Wörter mit ß aus Aufgabe 1 auf. Male ß an.

genießen, großen, Spaß, draußen,
Fußball, bloß, Straße, begrüßen,
Anstoß, außen, schießt

3 Reime.

heiß
w eiß

fleißig
dr eißig

der Fuß
der Gr uß

der Stoß
gr oß
das Fl oß
der Kl oß

beißen
r eißen
h eißen
schm eißen

schießen
fl ießen
g ießen
schl ießen

Fremdwörter

 1 Finde die passenden Fremdwörter und löse das Rätsel.

der Cowboy

das Skateboard

der Ketschup

der Computer

das Baby

das Puzzle

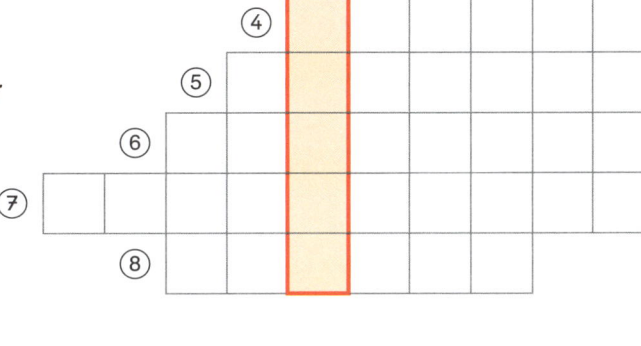

die Inlineskates

 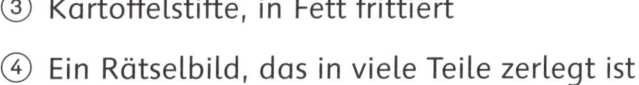

① Er macht Späße im Zirkus.

② Er reitet auf einem Pferd und hütet Kühe.

③ Kartoffelstifte, in Fett frittiert

④ Ein Rätselbild, das in viele Teile zerlegt ist

⑤ Ein Kleidungsstück mit langen Ärmeln

⑥ Eine rote Soße, die aus Tomaten hergestellt wird

⑦ Ein Brett mit vier Rollen

⑧ Ein Abstellraum für das Auto

der Comic

die Garage

der Clown

der Pullover

die Pommes frites

der Chor

 2 Schreibe das **Lösungswort** auf.

Eine elektronische Denkmaschine: _____

Fremdwörter

1 Finde die passenden Fremdwörter und löse das Rätsel.

der Cowboy

das Skateboard

der Ketschup

der Computer

① C L O W N
② C O W B O Y
③ P O M M E S F R I T E S
④ P U Z Z L E
⑤ P U L L O V E R
⑥ K E T S C H U P
⑦ S K A T E B O A R D
⑧ G A R A G E

das Baby

die Inlineskates

das Puzzle

① Er macht Späße im Zirkus.

② Er reitet auf einem Pferd und hütet Kühe.

③ Kartoffelstifte, in Fett frittiert

④ Ein Rätselbild, das in viele Teile zerlegt ist

⑤ Ein Kleidungsstück mit langen Ärmeln

⑥ Eine rote Soße, die aus Tomaten hergestellt wird

⑦ Ein Brett mit vier Rollen

⑧ Ein Abstellraum für das Auto

die Garage

der Comic

der Pullover

die Pommes frites

der Chor

der Clown

2 Schreibe das **Lösungswort** auf.

Eine elektronische Denkmaschine: _Computer_

Zerlegen und verlängern

1 Markiere zuerst die Wortgrenze mit einem Strich.
Verlängere dann die beiden Teile des Wortes.

das Blin g|k lich d|t    blinken,   die Lichter

der Bro d|t kor b|p  _____

das Schrei b|p hef d|t  _____

das Win d|t ra d|t  _____

das Geschen g|k ban d|t  _____

die San d|t |bur g|k    sandig, _____

das Par g|k verbo d|t  _____

der Köni g|k s palas d|t  _____

der Gebur d|t s ta g|k  _____

der Urlau b|p s or d|t  _____

Zerlegen und verlängern

1 Markiere zuerst die Wortgrenze mit einem Strich.
Verlängere dann die beiden Teile des Wortes.

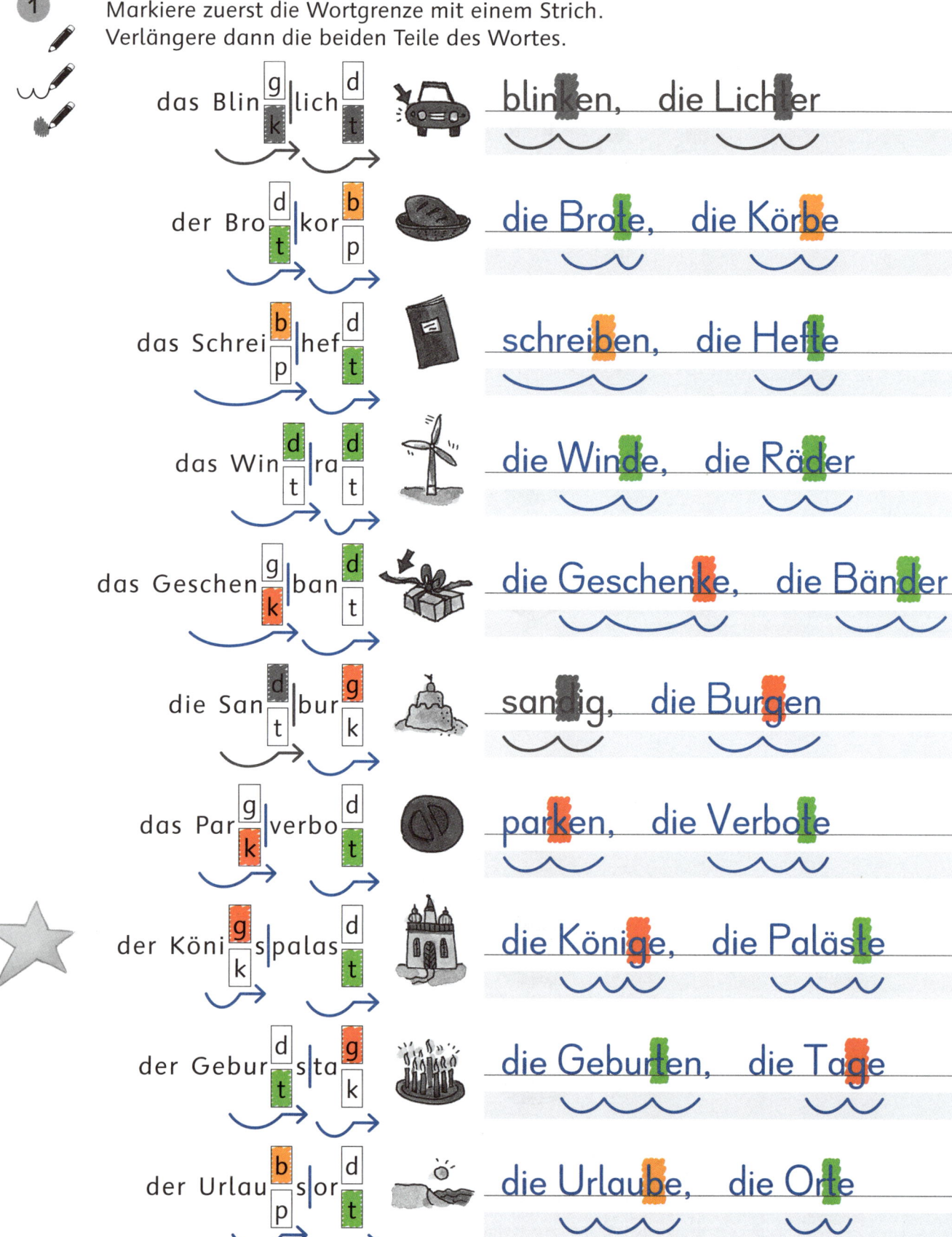

das Blin**g/k**lich**d/t** — blinken, die Lichter

der Bro**d/t**kor**b/p** — die Brote, die Körbe

das Schrei**b/p**hef**d/t** — schreiben, die Hefte

das Win**d/t**ra**d/t** — die Winde, die Räder

das Geschen**g/k**ban**d/t** — die Geschenke, die Bänder

die San**d/t**bur**g/k** — sandig, die Burgen

das Par**g/k**verbo**d/t** — parken, die Verbote

der Köni**g/k**spalas**d/t** — die Könige, die Paläste

der Gebur**d/t**sta**g/k** — die Geburten, die Tage

der Urlau**b/p**sor**d/t** — die Urlaube, die Orte

Lösungen

Zerlegen, verlängern und ableiten

1 Markiere zuerst die Wortgrenze mit einem Strich.
Überlege dann bei beiden Teilen des Wortes,
ob du verlängern ↪ oder ableiten ⚡ musst.

> *Hier gibt es **kein verwandtes Wort** mit **a**.*

die Win | d/t | r ä/e | der 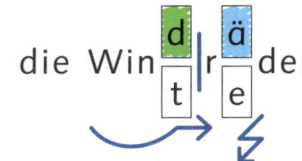   die Winde, das Rad

der Trin | g/k | b ä/e | cher   trinken, —

die Nis | d/t | k ä/e | sten

das Flu | g/k | z äu/eu | g

der Sch | ä/e | fer hun | d/t

die Gas | d/t | h äu/eu | ser

die Bra | d/t | ä/e | pfel

das M | äu/eu | se nes | d/t

der Gel | d/t | b äu/eu | tel

der Kor | b/p | s ä/e | ssel

Zerlegen, verlängern und ableiten

1 Markiere zuerst die Wortgrenze mit einem Strich.
Überlege dann bei beiden Teilen des Wortes,
ob du verlängern ↷ oder ableiten ⚡ musst.

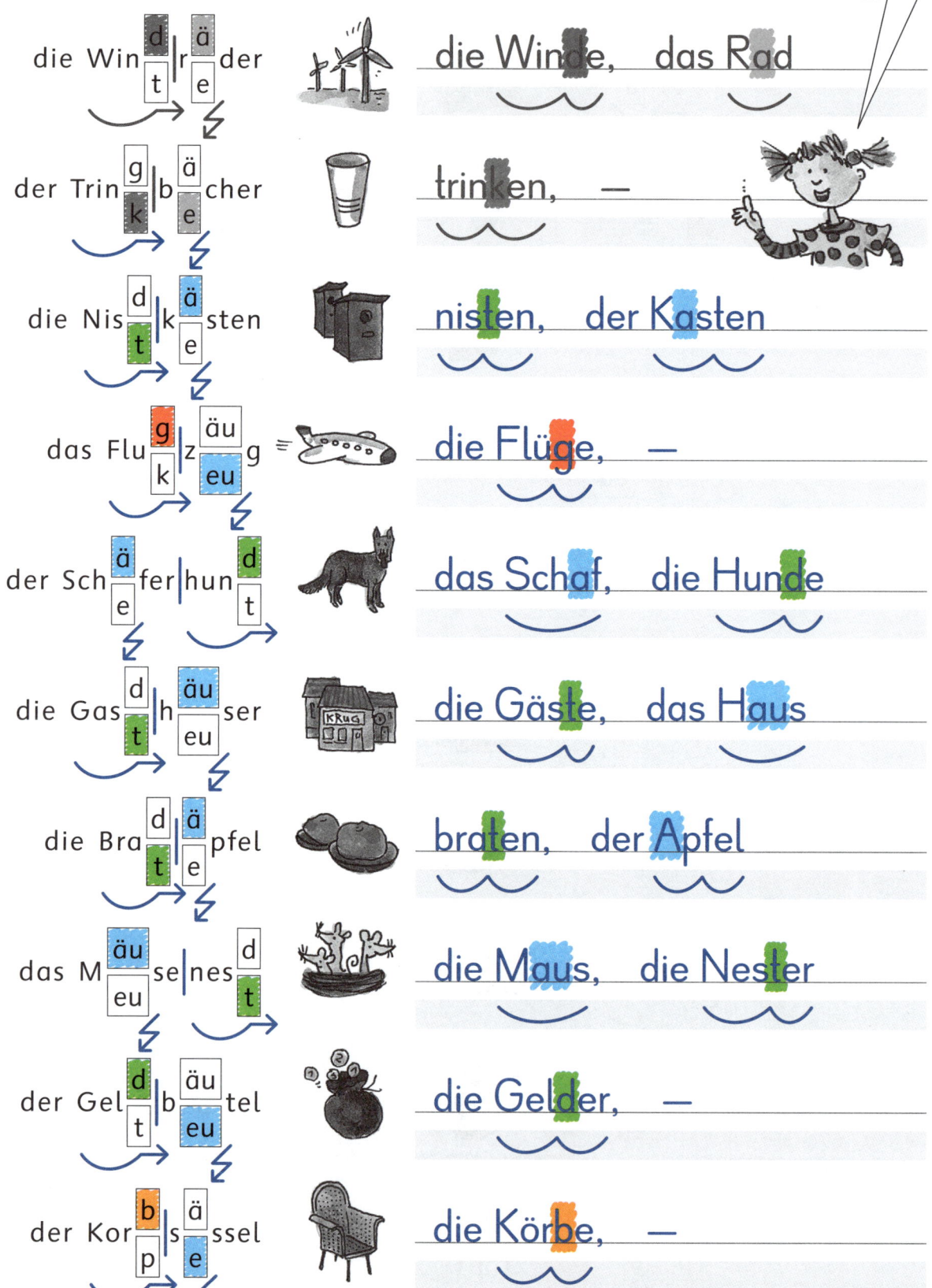

die Win|r|der → ⚡   die Winde,   das Rad

der Trin|b|cher   trinken,   —

die Nis|k|sten   nisten,   der Kasten

das Flu|z|g   die Flüge,   —

der Sch|fer|hun   das Schaf,   die Hunde

die Gas|h|ser   die Gäste,   das Haus

die Bra|pfel   braten,   der Apfel

das M|se|nes   die Maus,   die Nester

der Gel|b|tel   die Gelder,   —

der Kor|s|ssel   die Körbe,   —

Hier gibt es **kein** verwandtes Wort mit **a**.

Verlängern, ableiten oder merken? (I)

1 Verlängern ↝, ableiten ⚡ oder merken M ?
Setze das passende Zeichen in das Kästchen über dem Wort.

⚡ ↝ ⚡   M

Mama ist **heu**te star**k** erk**ä**ltet. Weil Jan erst sp**ä**t zur Schule muss,

fra**g**t Mama: „Kannst du Leo in den Kindergarten bringen?"

„Klar", sa**g**t Jan und fü**h**lt sich ganz gro**ß**. Er nimmt

seinen kleinen Bruder an die Han**d** und l**ä**chelt.

Der We**g** zum Kindergarten ist nicht wei**t**.

Jan l**äu**ft mit Leo los.

2  Sortiere die grün gedruckten Wörter. Begründe ihre Schreibweise.

6-mal ↝ | <u>stark – stärker,</u>

4-mal ⚡ | <u>heute – kein verwandtes Wort mit au,</u>
<u>erkältet – verwandtes Wort: kalt,</u>

3-mal M | <u>Die drei Merkwörter sind:</u>
<u>spät,</u>

Verlängern, ableiten oder merken? (I)

1 Verlängern ↪, ableiten ⚡ oder merken M ?
Setze das passende Zeichen in das Kästchen über dem Wort.

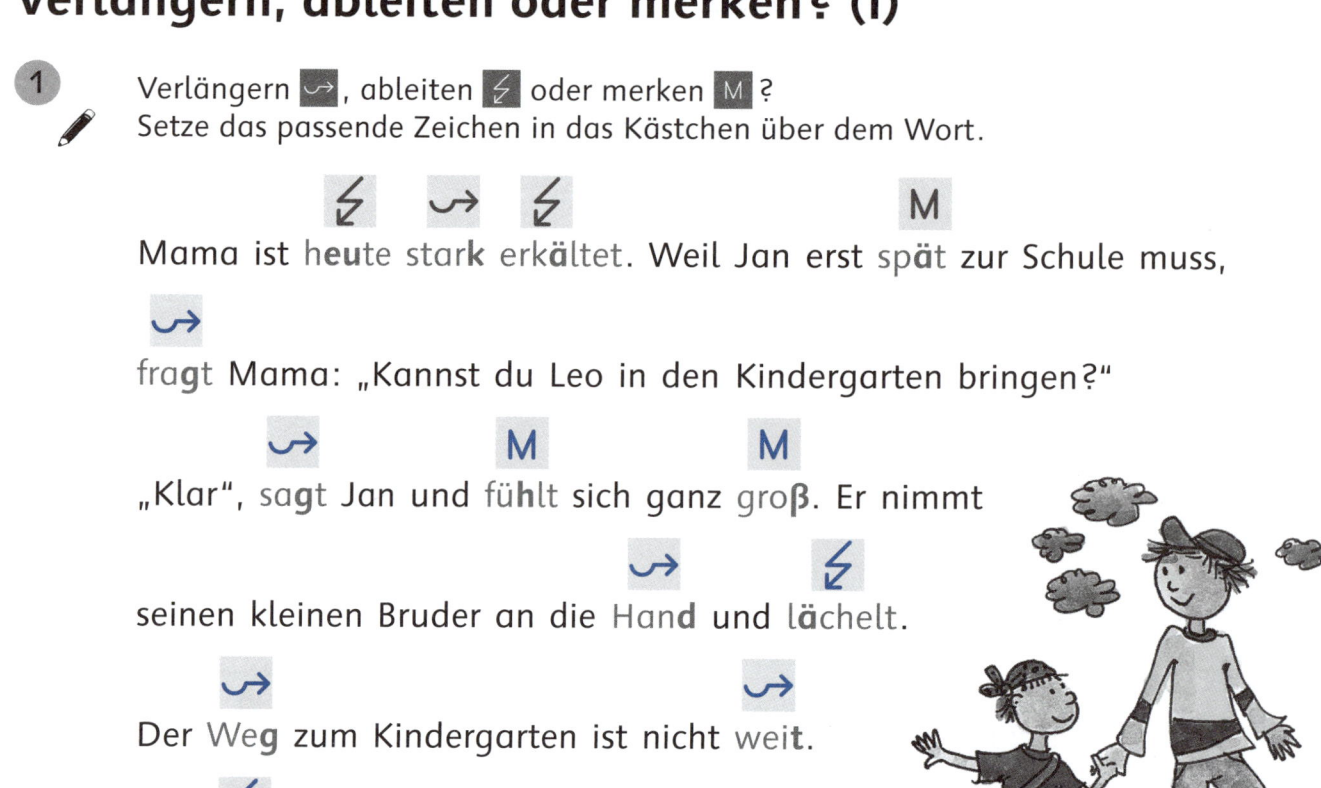

⚡   ↪   ⚡   M

Mama ist he**u**te star**k** erk**ä**ltet. Weil Jan erst sp**ä**t zur Schule muss,

↪

fra**g**t Mama: „Kannst du Leo in den Kindergarten bringen?"

↪   M   M

„Klar", sa**g**t Jan und f**üh**lt sich ganz gro**ß**. Er nimmt

↪   ⚡

seinen kleinen Bruder an die Han**d** und l**ä**chelt.

↪   ↪

Der We**g** zum Kindergarten ist nicht wei**t**.

⚡

Jan l**äu**ft mit Leo los.

---

2 Sortiere die grün gedruckten Wörter. Begründe ihre Schreibweise.

6-mal ↪	sta_r_k – stä_r_ker, fra_g_t – fragen, sa_g_t – sagen, Han_d_ – die Hän_d_e, We_g_ – die Wege, wei_t_ – wei_t_er
4-mal ⚡	he_u_te – kein verwandtes Wort mit au, erk_ä_ltet – verwandtes Wort: k_a_lt, l_ä_chelt – verwandtes Wort: l_a_chen, l_äu_ft – verwandtes Wort: l_au_fen
3-mal M	Die drei Merkwörter sind: spät, fühlt, groß

Verlängern, ableiten oder merken? (II)

 Verlängern , ableiten oder merken M ?
Setze das passende Zeichen in das Kästchen über dem Wort.

M   ↪   ↯

Ben und Mia **fahren** am **Sonntag** mit den **Rädern** zum **Freibad**.

Zwischen zwei **Bäu**men finden sie ein **hü**bsches **Plätzchen** und

breiten **ih**re Hand**t**ücher aus. Kurz darauf **sprin**g**t** Mia ins Wasser.

Ben **lässt** sich Zeit. Er **bläst** zuerst den **neu**en

Wasserball auf und hüpft dann hinterher.

 Sortiere die grün gedruckten Wörter. Begründe ihre Schreibweise.

4-mal ↪ <u>Sonntag – die Sonntage,</u>

6-mal ↯ <u>Räder – verwandtes Wort: Rad,</u>

3-mal M <u>Die drei Merkwörter sind:</u>
<u>fahren,</u>

Verlängern, ableiten oder merken? (II)

1 Verlängern ↪, ableiten ⚡ oder merken M ?
Setze das passende Zeichen in das Kästchen über dem Wort.

        M   **↪**   **⚡**   **↪**

Ben und Mia fahren am Sonntag mit den Rädern zum Freibad.

        ⚡   **M**   **⚡**

Zwischen zwei Bäumen finden sie ein hübsches Plätzchen und

        M   **↪**   **↪**

breiten ihre Handtücher aus. Kurz darauf springt Mia ins Wasser.

        ⚡   **⚡**   **⚡**

Ben lässt sich Zeit. Er bläst zuerst den neuen

Wasserball auf und hüpft dann hinterher.

2 Sortiere die grün gedruckten Wörter. Begründe ihre Schreibweise.

4-mal ↪	Sonntag – die Sonntage, Freibad – die Freibäder, Handtücher – die Hände, springt – springen
6-mal ⚡	Räder – verwandtes Wort: Rad, Bäume – verwandtes Wort: Baum, Plätzchen – verwandtes Wort: Platz, lässt – verwandtes Wort: lassen, bläst – verwandtes Wort: blasen, neu – kein verwandtes Wort mit au
3-mal M	Die drei Merkwörter sind: fahren, hübsches, ihre